A TI MUJER. . .

que aceptas ser una razón esencial en la vida de la humanidad. Que luchas y buscas activamente entender y hacer crecer tu potencial y tus compromisos vitales, y que en estos momentos de transición y de crisis, participas en el cambio, manifestándote y trascendiendo con lo mejor de tu *"Ser"*.

A ESA MUJER. . .

que no acepta ser inferior, dependiente. . . pasiva y conformista, sino que actúa, piensa y decide por sí misma, orientando su libertad hacia formar y transformar el medio, en donde crece y "vive" el *"Ser* humano".

A LA MUJER. . .

que acepta el compromiso con su propia existencia, su momento histórico. Capaz de mantener una búsqueda interior que le permita un crecimiento y respeto profundos consigo misma —con su esencia, sus valores, sus sentimientos. . .— y con sus semejantes. Que aprende a gozar y a enriquecerse a través de un amor humilde, respetuoso, libre. . . auténtico y único.

MUJER. . .

¡MUJER!. . .
LUCHA POR TU SER

Alfonso Lara Castilla

¡MUJER!. . .
LUCHA POR TU SER

EDITORIAL DIANA
MEXICO

1a. Edición, Septiembre de 1984
22a. Impresión, Julio de 1995

ISBN   968-13-1651-7

Introducción

Después de 12 años de investigaciones, el autor, en su compromiso por realizar el anhelo de entregarse y hacer llegar su mensaje a una mayor cantidad de personas, escribió el libro "La Búsqueda", best seller de Editorial Diana, el cual nos señala un camino para comprometernos y realizarnos como seres humanos.

Ahora nos sorprende con su segundo libro: *¡Mujer. . .! lucha por tu Ser*, en donde con una capacidad increíble, dada su condición de hombre, penetra en el interior del pensamiento y la angustia de la mujer.

He aquí una obra tan actualizada y real, que al leerla nos lleva en algún momento a considerar propia la problemática de la mujer actual de cualquier lugar, de cualquier nivel, de cualquier medio; pero todas unidas por un mismo sentimiento: "la desubicación".

Debido al acelerado ritmo de vida que nos cerca hoy en día, al bombardeo de los medios de comunicación y a infinidad de circunstancias propias del ambiente, parece que la mujer ha perdido la perspectiva de su razón real, de su función vital en el mundo. Ha querido equipararse al hombre y competir con él en todos los niveles. Esto no sólo ha traído como consecuencia la tergiversación de los valores tradicionales sino también un caos interno en la mujer, del cual apenas comienza a estar consciente.

El autor, en forma casi vivencial, nos hace experimentar el drama del desasosiego que en este momento nos toca vivir a las mujeres que luchamos por ser personas, que queremos compartir, no competir; que tenemos la capacidad de ser copartícipes de la obra divina, dar la vida, para así perpetuar la especie, y también incursionar con éxito en el campo del hombre, a nivel profesional.

En esta estrujante obra literaria pueden apreciarse claramente los grados de neurosis de una mujer como cualquier otra, que de pronto ve desmoronarse a su alrededor todo aquello en lo que creía: su vida como mujer, esposa y madre.

Aunque en vez de hablar de culpabilidad, sería mejor hablar de sus "responsabilidades" no satisfechas. En el personaje del libro ¡Mujer. . .! lucha por tu ser, se encuentran todo tipo de contradicciones: en ocasiones es capaz de expresar pensamientos y sentimientos muy profundos y elevados, y en otras desvaría por los caminos del recuerdo y del sentimiento de culpa, aunado todo esto a su intrínseco sentido de vanidad como mujer.

El abandono de su marido la arroja a la total desesperación y soledad. Centra entonces su energía en buscar las razones de su separación. En este sutil intento por salir adelante, olvida lo más importante que existe en su vida: su hijo. El eterno "pagano" de los errores de los adultos, la víctima inocente de la sociedad actual.

El empleo intercalado de observaciones y aclaraciones al lector, puede considerarse como la "conciencia" o parte racional de la mujer de la historia.

El mensaje de la obra es claro: la mujer debe jerarquizar de nuevo su escala de valores, no dejar lo más por lo menos, cobrar cabal conciencia de su papel como esposa, madre y ser individual.

El autor invita a toda mujer a comunicarse consigo misma y con los demás. Le lanza un reto, a fin de que sea capaz de vencerlo y salir adelante. Asimismo, la insta a ser "humilde" en el sentido más amplio de la palabra, a no perder lo más hermoso de sí: su sensibilidad, su ternura, el sentimiento innato de protección y de entrega, sin limitarse, sin pensar que, a veces, el hombre hace que esas virtudes aparezcan como taras o debilidades y quien consciente o inconscientemente nos hace sentir incómodas, devaluadas y nos incita a la lucha por asentar nuestra bandera, por defender nuestro *"Ser"*.

Paulina Heredia

" M A G D A :
Cultivar nuestro *ser*
y nuestro amor. . .
será la esencia de una
búsqueda eterna. . ."

¡. . .Ayúdenme. . .!
¡Alguien tiene que oirme!
¡Alguien tiene que oirme!
¿Por qué no responden. . .?
¿Están muertos. . .?

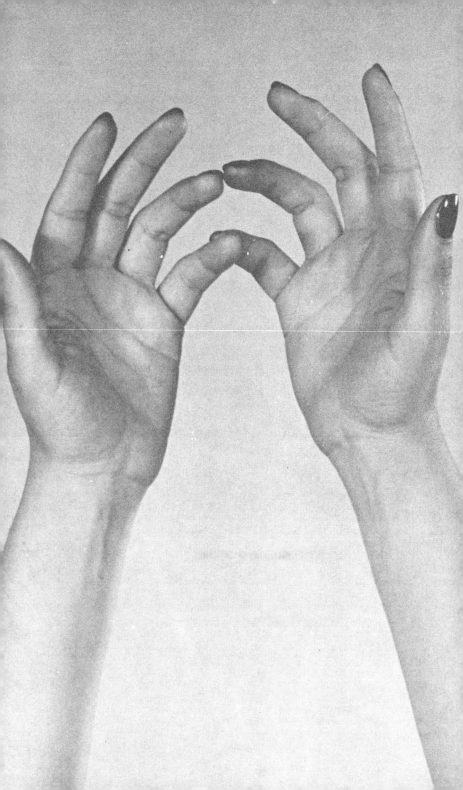

"¡No!. . . ¡No!. . . ¡Por favor! . . .¡Cambiaré!. . . ¡Te lo juro!"

Como un golpe explosivo dentro de su ser. . . evolucionó:

. . ."¡No!. . . ¡No! ¡No lo hagas!. . . ¡Ayúdenme!. . .
    . . .¡Por favor!. . . ¡Ay!. . . ¡Ay!. . . ¡Oh!. . .
    . . .¡Ayúdenme!. . . ¡Alguien tiene que oírme!. . .
    . . .¿Por qué no responden?. . . ¿Están muertos?". . .

Sintió en el pecho un dolor profundo, intenso, como si su alma y su corazón se desintegraran y esparcieran sus pedazos en el vacío. . . Se encontraba destrozada, lejos de su realidad. . . Estuvo llorando intensamente, con el llanto contenido de una muerta en vida. . . Un tiempo. . . un tiempo interminable. . .

Lentamente. . . como en un despertar, se recupera; eleva dignamente la cabeza, se da cuenta de que la estamos mirando, que no está sola. *Ella* nos ha creado para que demos cuenta de su grandeza, de su lucha. . . o de su vanidad y egoísmo. Nos necesita para que seamos sus jueces, sus cómplices. . . su apoyo. Su desesperante soledad y su desorientado cerebro nos hacen indispensables como testigos. . . , como mudos testigos del drama de su lucha. . . *que forma parte de nuestra lucha.*

Ella, con desdén, como retándonos, seca sus lágrimas, cambia su semblante y falsamente fluye en un torrente de alegría.

. . ."¡Hola!. . . ¡ja, ja, ja!
¡Qué bello es el mundo!. . .
. . .*¡Qué lindo es ser madre!*
. . .*¡Es maravilloso. . . antes, ni me lo imaginaba!*"

Cada vez comprendía más la razón de su vacío, del precio que tenía que pagar en la búsqueda de ser ella misma; de ubicarse; de escuchar la esencia de su naturaleza y permitir que ésta se manifestase libremente.

"Ustedes bien saben qué responsable tengo que ser, para poder educar, escuchar y entender a mi hijo, para convivir y jugar con él. Es introducirse en lo más profundo de su corazón. . . hasta conocer y comprender sus pensamientos, sentimientos y angustias. Así me lo dijo mamá. . . ¡Quién sabe en dónde lo leyó!"

Recordaba su contradicción, aquellos momentos de júbilo que experimentó con la llegada de su hijo, y su deseo por muchos años de ser libre para gozar de la vida.

Antes que su hijo naciera, sus amigas la habían convencido de que el embarazo era una forma de esclavitud, de invalidez, de enfermedad.

Sentía su cabeza perdida en un vacío. Tenía momentos de lucidez y otros de locura. Su crisis la mantenía confusa. *¡Buscaba tener conciencia de su realidad!. . .*

*"Lo que pasa es que no tengo tiempo. . .
¿Tiempo?. . . ¿Para qué?. . .
. . .¿Qué . . .acaso alguien me espera?. . .
. . .¡No me detengan, necesito avanzar!. . .
¡Suéltenme!. . .*

. . .¿Hacia dónde iré?. . . ¡No lo sé!. . .
. . .¡No me abandonen!. . . ¡Bah!
La sonrisa y el amor de un niño. . .
¡Todos son culpables!. . . ¡Seres obsoletos!
Aún creen que debemos seguir soportando
la humillación y opresión del sistema
patriarcal, como hace varios siglos. . ."

Se sentía enterrada en un mar de confusiones y de tradiciones que le despertaban un profundo sentimiento de culpa, de impotencia. Fue cuando desesperada, angustiada, gritó:

"¡Deseo correr!, ¡gritar!, necesito que me
entiendan, que me acepten, que me
amen. . ."

"No acepto que las mujeres seamos seres
inferiores, inconscientes, manejables, fáciles
de adquirir y. . . violables. La mujer recibió
la misma estructura mental que el
hombre. . . y los mismos derechos
potenciales y oportunidades de desarrollo.
¿Quién lo dijo?. . . No. . . no lo recuerdo".

A *Ella* le dolía que su avance fuera lento; poca su libertad. La conciencia de su propia acción era confusa. Una confusión que nació de su propio egoísmo, de su desubicación. Buscaba recuperar la dicha de ser madre y reforzar con su ejemplo lo importante que es la

mujer en el género humano; su gran responsabilidad y trascendencia.

Con una sonrisa burlona. . . cruel, agregó:

. . ."¿Qué tal?. . . ¿Cómo me ves?. . .
¿Estoy guapa?. . .
. . .No me juzgues mal. . . ¿Qué?. . . Claro
que tengo inhibiciones sexuales.
¡Las mujeres decentes no debemos pensar
en el sexo!
¿Qué diría Él si se enterara de lo que a
veces se me ocurre?. . . Juré ser fiel hasta
en el pensamiento.
. . .¿De veras estoy guapa?. . .
. . .¡Gracias. . . Muchas gracias!

Recordaba imágenes de su infancia. Para
Ella, esa etapa de su vida había sido un mundo
en donde los sentimientos y los valores nunca
lograron niveles aceptables: la inseguridad, el
egoísmo, la manipulación y la represión, poco
a poco le hacían perder el sentido de ser *Ella*
misma.

Siempre decía:

¡Los enajenados no tienen tiempo ni
sensibilidad para amar!

Los sentía como seres mutilados, por su falta
de credibilidad en este mundo, en donde se
había permitido el derrumbe de valores. Esta
inconformidad la orientó hacia un vacío inte-

rior, un vacío que la hundió en la incertidumbre y confusión; que la hizo dudar de sí misma, de su valor. Pero gracias a ese momento logró recuperar el amor a la vida y su deseo profundo de *"Ser* Persona". No podía dejar de desarrollar y aprovechar todo lo que el Creador le había otorgado; tenía que demostrarse lo que *como mujer era capaz de ser y de hacer.*

No luchaba contra *Él,* sino consigo misma; contra su propia naturaleza, su comportamiento, tradiciones y prejuicios como mujer. También luchaba por ser mejor y dar mayor respuesta sin omitir o sustituir al hombre. ¡BUSCABA COMPARTIR, NO COMPETIR! Era a sus fuerzas internas, desconocidas y conocidas, a las que trataba de cambiar y orientar.

"¡Lucharé, lucharé hasta ser Yo misma!
. . .¿Que si sé por qué lucho?. . . Claro que sé adónde voy.
. . .¿Que cuál es mi ubicación en el mundo?
¿Y cuáles mis responsabilidades otorgadas por Dios y por la vida misma?. . .
. . .¡Sí lo sé!. . . No estoy loca. . . sé lo que quiero y lo que hago".

Su confusión era muy profunda, aún así comenzaba a sentirse bien. . . a intentar dar a su búsqueda un sentido.

21

¡Los enajenados no tienen
tiempo ni sensibilidad
para amar!...

"Bendita la mujer que tiene la virtud de dar vida. . .
de enriquecer y desarrollar al ser humano. . .
de integrar una familia hacia logros y satisfacciones comunes. . . ¡De formar el futuro del mundo!. . .
. . .¿Lo ves? Te lo dije. . . ¡Sé dónde estoy!"

Ella no quería aceptar su desesperación, su sentimiento de impotencia y su desubicación. Se preguntaba:

"Sabré en verdad lo que tiene valor y sentido para mí?. . . ¿Tengo alternativas para hacer lo que realmente quiero?. . . ¿Necesito de alguien que tome decisiones por mí?". . .

Y se decía:

"Tengo un largo camino que recorrer, pero. . . por primera vez, siento que vale la pena seguir". . .

"¿Ayer. . .? ¿Qué pasó?
¡Ah. . . sí!. . . fui a la camita de mi hijo
mientras dormía. . .
Me acerqué despacio. . . ¡Qué bello es!. . .
Le dije casi al oído: ¡no sufras más!. . .
¡juntos venceremos!
Les demostraremos a todos lo grandes que
somos, y que no necesitamos de nadie".

Ella se asustó. . . de repente el rostro del
niño se veía tan intranquilo; sufría, hablaba
solo, como si estuviera luchando contra "algo"
o "alguien". Entonces se preguntó:

"¿Qué estará soñando?. . . ¿Será acaso en
las guerras, las matanzas y la violencia?. . .

¿O acaso se estará destruyendo el maravilloso mundo de la fantasía e imaginación del niño?"

*"¡Es increíble ser madre!. . .
Me siento orgullosa, digna. . . única. . .
Recuerdo el rostro de mi hijo y su expresión llena de terror. . . de pánico.*

Como cuando su padre y yo peleábamos. . . o se hablaba de guerras, de bombas. . . y destrucción".

Contemplaba a su hijo. Le parecía un hombre en miniatura, que piensa y razona según lo que ve, oye o siente.

*. . ."¿Que si es normal mi hijo?. . .
. . .¡Claro que es normal!
¡Le gusta gozar la naturaleza. . . la gente!,
le gusta jugar con sus animalitos, las ranas, su patito. . . ¡y con ese perro lanudo y feo!"*

Sentía culpa por dejarlo tanto tiempo solo. Tenía que ir a trabajar. . . Cuando llegaba, el niño estaba siempre frente al televisor o escondido en una esquina de su cuarto. ¡Siempre decía estar enfermo!. . . A su hijo le daba miedo la oscuridad, la soledad, lo desconocido. . . *Ella* se quedaba largo tiempo contemplándolo. . . se preguntaba: ¿Quién influirá en sus sueños?. . .

¿Será este mundo vacío, lleno de confusiones, de consumismo y de masas silenciosas?. . .

"¿Qué culpa tiene mi niño de nuestras angustias, inseguridades y frustraciones?. . . ¿Por qué desquitarse con él?. . . ¿Por qué robarle su mundo?". . .

"Hijo, aunque estés dormido quiero que comprendas que nos ha tocado vivir momentos difíciles y de cambio hacia un mundo mejor, en donde los seres humanos tenemos problemas ante nuevos valores, nuevas formas de ser y necesidades, intentando entender lo que somos y para qué estamos en esta tierra.
Abraza a tu osito, ¡lo amas tanto!. . .
¿Qué tienes bajo la almohada? ¡Ah!. . . tus armas secretas.
Seguro que son para defenderme. . .
¿verdad?. . .
¡Yo soy tu madre y. . . soy tan buena!". . .

Ella pensó negativamente:
"¿Estaría figurándose el niño a papá y a mamá como dos monstruos que se acercan para hacerle daño, para hacerlo sufrir, y él con sus armas los tiene que matar?
¿Por qué preguntará cómo matar al monstruo?. . . ¿No se dará cuenta de que nosotros aún no sabemos cómo hacerlo?

. . .¿Quién influirá en sus sueños?. . . ¿Será este mundo vacío, lleno de confusiones, de consumismo y de masas silenciosas?. . .

Espero que un día mi hijo encuentre la respuesta."

Nunca dejó que su hijo sintiera que ella no creía en la maternidad, podría frustrarlo o hacerle sentir que siempre fue rechazado. Esa noche, insistió en hablarle:

"Yo te di, hijo mío, amor verdadero, porque te deseaba y te esperaba; no me juzgues a la ligera, he cometido muchos errores, he tenido problemas, pero siempre por ti los he superado.
¡A cualquier precio, lograré ser alguien valioso, único!. . .
¡¡No sólo un sucio objeto!!. . .
Estoy preocupada por llegar a sentirme bien conmigo misma.
He intentado aceptar el compromiso de vivir, es decir, de vivir mi propia vida.
¡Pero, qué difícil es!. . .
. . .Hijo, me has visto llorar —ahora lloro. Tengo un sentimiento de impotencia. . .
Deseo hacer algo útil en relación con nuestras vidas y con el mundo en que vivimos.
Existe en mí un vacío. . . una falta de sentido y de razón para vivir. . . ¡Por favor, ayúdame!
. . .Arrópate bien. . . no me hagas caso; duerme tranquilo.
. . .¿Mañana?. . . ¡Mañana saldrá el sol!"

Con lágrimas en sus ojos, siguió hablando. Deseaba desterrar toda su angustia, su tristeza; su culpa:

"Hijo, tengo deseos de quedarme aquí, saber que tú también entiendes mis angustias. Tu habitación es como un altar de amor, lleno de calor, de candidez. . . de energía.
Esa energía que transmite tu «Ser».
¿Por qué hasta ahora te percibo?. . .
. . .No te preocupes. ¡Yo te quiero!. . .
Tú debes seguir soñando en tus mundos fantásticos de las galaxias, con los monstruos horribles y conquistas de planetas desconocidos.
. . .¡Por favor, corre y salta!. . .
¡Goza la vida y a Dios!. . .
Déjame a mí. . . sumida en esta inmensa tristeza".

Ella siempre fue inquieta. Siempre estuvo en constantes contradicciones, desde sus valores morales, hasta sus tendencias ideológicas.

Luchó desde niña por ser la mejor y ganarle a todos; incluso al sexo opuesto.

Se esforzaba por obtener su libertad personal, por cambiar costumbres que discriminaban al "Ser humano". . ., a la mujer. Deseaba, desde joven, no negarse a sí misma, sino ser libre interiormente. Su pequeño hijo llevaba algo de *Ella*.

"No entiendo. . . por qué un niño se angustia y piensa en cosas extrañas.
Siempre me dice:
'Mamita, dame un beso, porque esta noche estallará la guerra de neutrones y no tendré tiempo de despedirme de ti.'
. . .¿Despedirse de mí?. . ."

"*Siempre insiste. . .*
. . .¿Por qué papá nos dejó?
. . .¿Es que yo le hice algo malo?. . .
¡Y siempre insiste e insiste!. . .
¡Qué difíciles son ahora los niños!. . .
El otro día, concebí un pensamiento que dice:
'YO, SIN CALOR, SIN RAZÓN, SIN AMOR. . . Y
SIN ALMA. . .
¿A QUIÉN CONTARÉ MIS PENAS? SÓLO SOMOS
YO Y MI SOMBRA. . . TRISTES Y SOLAS'.

Hermoso, ¿verdad?. . . y real".

Veía en su mente a su príncipe azul. Ese
hombre que se casó con *Ella* para salvarla de

Yo, sin calor, sin razón,
sin amor. . . y sin alma. . .
¿A quién contaré mis
penas?. . . Sólo somos yo
y mi sombra. . .
tristes y solas.

CON EL AMOR

la mediocridad. Siempre soñó que con sus dotes de hombre valiente, audaz y amoroso, la llevaría a la realización plena.

Comenzó a recordar sus momentos de amor, de entrega. Con alegría y nostalgia empezó a·cantar la letra de la canción, aquella canción que parecía unirlos:

Todo se puede encontrar... si buscas;
todo se puede saber... si quieres;
todo se puede tener... si luchas;
y todo se logra al fin... si amas.

Con el amor todo se dice;
con el amor todo se entiende;
con el amor todo es felicidad.

Con el amor todo se encuentra;
con el amor todo se alcanza,
pues el amor nos hace al fin triunfar.

Comenzó a despertar de su fantasía. Se sentía renovada, llena de ilusión, con deseos de seguir adelante.

"¿Sabes?... Estaba equivocada. Él también está en la lucha, probablemente su vacío es más profundo que el mío.
Él era el centro de unión y nos daba el apoyo para que éste fuera un hogar; una familia.

Si Él se separó de lo vital. . .
¿quién nos orientará?. . .
Un día que peleamos, dijo:
. . .'¡Tú no sabes lo que quieres ni lo que
sientes!. . .'
Y yo le contesté: ¡Ni tú tampoco!. . .
Yo, al menos, ando en búsqueda de dar
respuestas a mi Ser. . . ¡Tú!, en cambio,
buscas sólo el dinero, el tener, el acumular.
¡Buscas el éxito, aun a costa de vender tu
propia realización!
¡Yo no acepto tus demostraciones de
brillantez, con reglas y recetas aprendidas,
superficiales y falsas!
Te enseñaron a pensar igual que los
demás, a no crear discusiones, a. . .
siempre sonreír.
¡Nunca has tenido el tiempo psicológico
para estar conmigo!
¡Menos para estar con tu hijo!
Piensas en tus logros y en tu trabajo
durante 24 horas.
Tu ritmo de trabajo es frenético, sólo te
interesa tu imagen.
. . .¡Ve cómo vives!. . . Enfermo, lleno de
ansiedad; no has tenido tiempo para
madurar. ¡Para nada. . . para nada!
Sé que andamos en búsqueda de 'algo',
pero. . . ¿tendremos tiempo para
encontrarlo?. . . ¿y nos daremos tiempo
para sentirlo y gozarlo?

. . .¡*Detente, por Dios!*. . .
¡*Detengámonos!*. . ."

Trataba de comprenderlo, le gustaba mirarlo. . . aún despertaba en *Ella* pasión a pesar de que *Él* se había vuelto autómata, la trataba como a un objeto, la sentía tan segura, tan embelesada a su lado, que no le importaban ya sus sentimientos. *Ella* lo soportaba, pero deseaba ser respetada. Trémula de coraje, de rencor, se acercó a *Él*:

. . ."¡*Yo no soy tu jefe!*. . . ¡*no tienes por qué actuar así!*
. . .¡*Discute conmigo! ¡Dime si estoy equivocada!*
. . .¡*No te quedes con esa risa mecánica!*
Eres. . . *el 'hombre ideal' de nuestros tiempos*. . .
Eres de los hombres que cooperan dócilmente, que sólo desean consumir más, más y más. A los que fácilmente dirigen, y que aprenden a actuar mecánicamente, con los mismos estímulos.
. . .¿*Te sientes libre?*. . . ¡*Qué lástima!*. . .
Pero. . . ¡*no lo eres! Puedes ser guiado sin fuerza, sin meta; te han transformado. Ahora la vanidad es tu ídolo.* . . .
. . .¡¡*Eres un enajenado!!*. . .
. . .¿*No te has dado cuenta?*. . .
¡*Dime!*. . .
¿*Podré esperar de ti una caricia, un verdadero cariño, o una entrega total?*
. . .¡*Responde!*"

Él tampoco estaba satisfecho. . . Siempre luchaba porque *Ella* fuera menos egoísta. Para *Él*, *Ella* nunca se dio por completo, con amor, siempre a medias. . . a medias, pidiendo más de lo que daba. Juzgaba y criticaba a los demás como apoyo a su inseguridad y a su vanidad. *Él* la conocía bien y aún así la quería.

Ella, en un tono mezcla de reproche y súplica, dice:

. . ."¡No te destruyas!. . . ¡Eres mi fuerza, mi razón de ser y de creer en el amor, en la dicha. . . en la realización!

. . .¡No!, por favor. . . no reproches mi rebeldía.

¿Te gustaría tener una mujer adaptada, pasiva y sumisa?. . . ¿Una mujer sin energía propia, sin voluntad, sin iniciativa? Deseas un robot que al apretarle un botón, sea una mujer feliz aparentemente, pero sin inquietudes, sin sentimientos. . . sin amor. Una mujer conforme en aceptar una realidad que no satisface a ninguno de los dos.

. . .¡Ya sé!. . . ¡ya sé! Tienes mucho trabajo, estás cansado. . . ¡harto!

¿No sientes que esa actitud tuya nos pone un freno?
Que rompe la comunicación, el entendimiento. . . el diálogo. . .

¿No será tu máscara, para no expresar lo
que piensas y lo que sientes?. . .
. . .¡¡No te justifiques con tu trabajo!!
Yo conozco tu lucha, tus ansiedades,
pero. . . ¿qué te pasa?. . .
¡Realmente no quieres estar con nosotros!
¿Te satisface más el trabajo?. . .
. . .¿Qué le falta a tu hogar?. . .
¿Calor?. . .
¿Amor? ¡Dímelo!. . .
¡Cambiemos juntos! ¡Reencontremos
nuestras vidas y nuestro amor!"

Ella perdía la ilusión, el anhelo de amar y
saberse correspondida. Comenzaba a rechazar-
lo. Sentía que *Él* actuaba obligado, como cum-
pliendo, sin convicción. Se desesperaba al intentar comunicarse con *Él*:

"¡Vida absurda, vacía, sin razón!. . .
. . .¿Cuándo nos convertimos ambos en
propiedad?
. . .¡Ah. . . ya sé!; cuando cambiamos de
conquistarnos a. . . usarnos.
Cuando perdimos la pasión. . . el amor.
¡Han muerto los años de conquista!. . .
Ahora, me siento objeto. . . algo ad-
quirido. . .

¡Me siento trofeo de guerra!. . .
¡Fría y olvidada!"

41

¡Vida absurda, vacía,
sin razón!. . .
. . .¿Cuándo nos
convertimos ambos
en propiedad?

Pensaba que el cambio debería surgir de *Él*. Siempre esperó que *Él* tomara la decisión, la iniciativa, hasta que se dio cuenta de *que quien tiene la responsabilidad de iniciar el cambio es el que cuenta con mayor poder interior*. Y para *Ella*, *Él* ya lo había perdido. Lo juzgaba y lo veía correr. . . huir. . . sin saber por qué y para qué. Sólo lo culpaba a *Él*, sin ver *Ella* que la comodidad y dependencia creciente de su medio los había llevado a ambos a perder paulatinamente el sentido de sí mismos.

Deseaba que juntos buscaran resolver su problema sentimental y sexual. Pensó en vengarse, dejarlo en ridículo ante los demás. Inclusive en lo más radical: hacerlo impotente con técnicas femeninas. Se preguntaba: *"¿Podría reaccionar? Pero. . . ¿qué pasa si no reacciona y se incrementa y agrava la rutina, la frialdad. . . la falsedad?"* Se gritaba desesperada:

"¡¡No!! ¡¡No debo ser una conquista muerta!!
¡Debo conquistar!. . .
¡Te juro que te conquistaré!. . ."

"**M**i hijo insiste. . . ¿Por qué papá no está con nosotros?. . .

. . .¿Entienden ustedes a mi hijo?. . .
No comprende los problemas tan grandes de los adultos.
. . .¿Por qué los debería entender. . . si ni siquiera nosotros los entendemos?
Mi hijo nunca nos ha perdonado la separación, a veces ni yo misma estoy segura de que fuera lo mejor. . . Ahora lo sé. . . fuimos egoístas, pensamos sólo en la dignidad, en la autosuficiencia, pero nunca en nuestro hijo."

Intentó volver a conquistarlo. Se arregló como una novia de quince años; se puso sus mejores ropas; se imaginaba sus primeras citas; hizo todos los preparativos: puso velas en la mesa y suave música. . . Quizás era demasiado tarde. Aun así, comenzó su conquista. Cuando Él llegó, se sorprendió y deseoso la besó intensamente; sus cuerpos comenzaron a reaccionar otra vez, buscando una entrega que iniciara una nueva época. Duró poco, su realidad interior volvió a dominar.

Habían olvidado su ternura y perdido su capacidad de entrega. Desesperada y frustrada por este nuevo fracaso nos confesó:

"Y Yo, tan obstinada. . . pensaba que Él tendría que cambiar y hacerme feliz. . . Pero nunca se lo dije, me daba pena hablar y pedirle que me diera más valor; que Yo merecía el momento y el tiempo precisos para hacer del amor un cultivo. . . y no una simple violación."

Como una sonámbula, sin control, se dirige al espejo dejando que su bata de seda se deslice hasta el suelo. Contempla con desdén su cuerpo y se pregunta: "¿Qué me falta?" Allí estaba todo su cuerpo, atractivo y deseoso de ser tomado en cuenta, desperdiciada su sensibilidad y su pasión. Sabía que aunque la belleza externa no tiene nada que ver con la felicidad ni con la realización, deseaba creer que tenía algo valioso que ofrecer. Lo gritaba. . . casi lo exigía:

"Aunque el sexo no es lo más importante ni lo único en un matrimonio, es una necesidad humana que ambos debemos satisfacer con plenitud."

Comenzó a tener extraños sueños. Se veía sola, aterrada, perseguida. . . A lo lejos, aparecía *Él* con una luz a su alrededor. *Ella* trató de seguirlo para que la protegiera, pero únicamente veía un abismo. Cerca se encontraba en peligro su hijo. Empezó a gritar. . . a llorar frenética, desesperadamente. No encontró el camino. Como una esperanza, se acercó una persona llena de bondad que le entregaba con ternura a su hijo. . . *Ella* lo recibió entre sus brazos. "¡Es mi hijo!", gritó. Ella quería despertar. Sufría. . . Se aferraba a su hijo. Comprendió la importancia de su misión. . . Pero. . . ¿no sería demasiado tarde?. . .

Pensativa, enojada con ella misma, gritó:

"¡NO ESTÁS MUERTA!
¡LIBERA TU POTENCIAL, TU ESPÍRITU, TU CUERPO!
¡DESECHA LOS PREJUICIOS, TARAS Y MEDIOCRIDADES!
. . .¡TU VIDA TIENE UNA MISIÓN!
¡¡DESCÚBRELA Y ENRIQUÉCELA!!"

Algo ocurría en ambos. Se hablaban, se aceptaban y se comprometían a cambiar, pero. . . no sucedía nada. Volvían siempre a la misma rutina, a la misma situación. . . sin

Yo me merecía el momento y el tiempo precisos para hacer del amor un cultivo.

¡No estás muerta, libera tu potencial, tu espíritu, tu cuerpo, desecha los prejuicios, taras y mediocridades!. . .

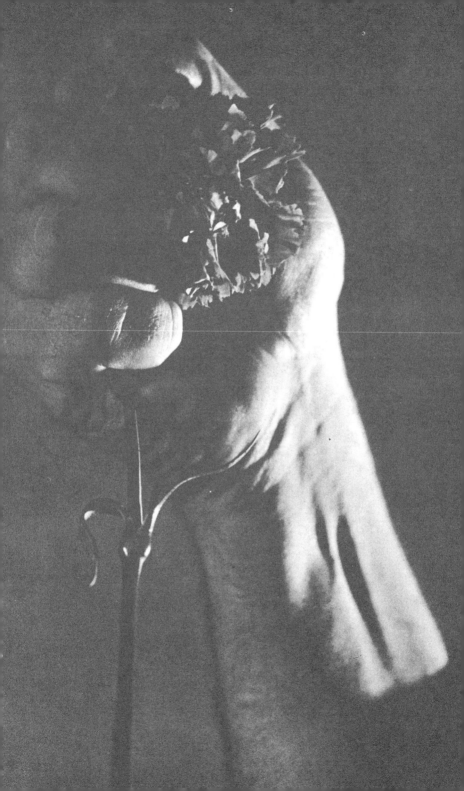

cambio, sin solución, *como cómplices unidos
por la fuerza de un secreto. . . de un mal recuerdo.*

"¡¡*Estábamos perdidos!!. . . ¡El miedo nos
llevaba a correr sin parar. . .! ¡A vivir sin
luchar! ¿Cuál libertad?. . . ¡Era un
continuo quedar bien con los demás!*"

Ella se detuvo, nos miró largamente, y con
odio y rencor en su corazón, desde el fondo
de su ser, brotó un grito desgarrador:

"¡*Todos son una farsa. . . llenos de miseria
y mediocridad!
. . .¡Títeres. . . títeres!. . .
. . .¡Ah!, pero eso sí, primero quiero que
me reconozcan como mujer . . .¡Como una
gran mujer!. . .
. . .¿Y eso? ¡Para qué! ¿De qué sirve?. . .
Si tan sólo supieran que lo único que
necesito es amor. . . comprensión. . .
¡Bah! Siempre las mismas conclusiones.
. . .¡Shhh. . . Shhh. . . Silencio!
¡Por favor, mi hijo se acerca!
Déjenme atenderlo, protegerlo.
. . .¡Yo. . . soy una madre!. . .
¡Toda una madre!. . .
O. . . ¿seré también sólo una farsa?. . .*"

"¡Te prometo que tu padre volverá!
. . .Pero. . . ¿para qué lo quieres?. . . ¡Sí!
Él es el culpable de todo, nos dejó solos. . .
Para Él, lo importante es su trabajo. . .
¡Sólo su trabajo!"

Pretendía conocerlo emocionalmente. Sentía que su trabajo lo había absorbido. Aun en la intimidad sólo le hablaba de sus proyectos, de sus logros, de sus anhelos. . . de sus ascensos.

"El otro día le dije:
. . .¿Por qué no eres tú?. . . ¡Tú!

¡Experimenta las ricas sensaciones y placeres que da el gozar momentos con tu hijo!
¡Con tu hijo!. . . ¡Es tu hijo!. . .
No te das cuenta: ¡Te necesita!
No son los regalos ni el dinero; eres tú, tus caricias, tus halagos. . . tu amor.
. . .¡Eres un monstruo! Sólo lo tratas como un juguete comprado en una tienda.
. . .¡Un hijo no se compra, se forma a través del amor!
Tú lo exhibes como adorno, como trofeo, ante tus amigos.
Quieres que el niño te divierta.
¡Si no lo quieres, por favor no se lo digas con tu comportamiento!
¡Porque él ya no cree ni en ti. . . ni en mí!"

Sabía que su hijo había perdido lo más hermoso en una familia: la unión de sus padres, la credibilidad, su lugar real en el seno de sus corazones. Le cuestionaba:

". . .¿No habremos orientado a nuestro hijo más hacia la muerte que hacia la vida?
. . .Ya mi hijo no sabe qué partido tomar; te quiere a ti y me ama a mí, pero. . . ¿a quién le cree?"

Ellos no habían aprendido a relacionarse con su hijo plenamente. *Estaban demorando el* momento de hacerse responsables de su realidad. No querían aceptar a ese nuevo ser que se interponía entre sus intereses y objetivos.

Ella se quedó triste, pensando. . . Nunca se preguntó si deberían o no tener hijos.

. . .*"¿Que cómo trato a mi hijo?. . .*
Como Yo quisiera que él llegara a ser:
una persona única y digna de respeto.
Lo oriento a usar su derecho de ser libre, lo estimulo para que, como niño, exprese sus sentimientos y los acepte".

Intentaba ser una verdadera madre y lograr que su hijo llegara a ser un hombre de bien. Con un carácter recio, audaz y valiente. La falta de convivencia con su padre, de hecho la otra parte de su formación, la consideraba sumamente importante; insustituible.

. . .*"¿Estás tú preparado para ser*
padre?. . .
. . .¡Sí, a ti te pregunto!. . .
Él no lo está. . . El requiere dominar su ego, aprender a comunicarse, estimular y motivar a su hijo; para que sea capaz de abrir sus sentimientos y dar lo mejor de sí mismo. . . entregándole su amor. ¡No hacerlo sentir que es una carga!
Él no ha logrado integrarse con nosotros.
No ha sabido cómo dar una respuesta.

¡Un hijo no se compra
se forma a través
del amor!. . .

. . .¡Yo sí la he dado!. . . dudo que Él pudiera mejorarla. Y aún así. . . me dejó. No me abandonó por mis defectos; ¡fue por mi inconformidad con ser una esposa de segunda!

. . .Ya sé que no me faltaba nada material, pero mi 'Yo', mi 'Ser', estaba vacío. . . muerto. . . frío.

¡Qué hermoso hubiera sido que volvieran de nuevo 'las conquistas'. . . 'las sorpresas'!"

No aceptaba su realidad, viajaba en diferentes dimensiones a causa del golpe recibido: ¡la separación! Su conciencia era mayor, pero su crisis resultaba cada momento más aguda, más crítica.

. . ."¿Quién me escucha?. . .
¿Verdad que todos me aman?
. . .Sí. . . tenemos algunos restos de represión. . . ¡Hay que viajar a la fantasía!. . . ¡¡fantasía!!. . .
. . .Tú qué crees. . . ¿tengo razón?. . .
¡He aprendido a ser una madre modelo!
. . .¿Que si sé cómo educar a mi hijo? ¡Claro que sí!
¡Hay que formarlo como ser humano, creativo, libre. . . responsable y comprometido. Un hijo sano, sin inseguridades ni angustias; que actúe con valor y dignidad!

Esta labor de formar a un hijo sano es
fundamental.
Pero, ¿quién la reconoce?. . . ¿Acaso
ustedes?. . .
Dicen que es perder el tiempo. . . que es
anticuado y tonto.
. . .¿Qué nos pasa? ¿Por qué si los seres
humanos nos formamos sanos y somos
producto del amor, no hemos sido capaces
de ayudar y orientar al niño para que
crezca en un ambiente de amor y de
respeto?"

Ella aprendió a reconocer y ayudar a su hijo
para que entendiera y evaluara sus emociones,
para que viviera su libertad en forma responsable, sin que sus sentimientos fueran heridos,
reprimidos o lastimados.

"¡No pongas esa cara, hijo!. . .
. . .¡Ya sé!. . . ¡Ya sé! No te gusta que diga
esas palabrotas. . .
¡Eres el mismo retrato de tu padre!. . .
¡Es el medio! ¡Es la moda!
¡Todas mis amigas lo hacen!. . . ¿Por qué
yo no?. . .
Y tú te enojas porque las digo. . . no espe-
raba ofenderte, créeme. . .
¡No te hagas el santo! Esas palabras me
hacen sentir diferente, liberada. . . a la
moda.

¿No habremos orientado a nuestro hijo más hacia la muerte que hacia la vida?

Recuerda: ¡Soy tu madre! ¡No critiques a tu madre!. . . Es mi manera de vestir, de hablar; déjame vivir mi vida. Y por favor. . . ¡déjame en paz!"

Comprendía a su hijo, pero no cedió; ¡ya mucho había cedido! Conocía que el uso de esas palabras era reflejo de una fuga en las personas cargadas de angustia, de vacío interior; que viven con el coraje y la libertad reprimidas y no encuentran salida a la hostilidad que se tienen a sí mismas y al mundo que las rodea. Se desahogan diciendo o gritando esas palabras y se sienten bien. A ella no le importaba, también se sentía bien. ¿Por qué hacerle caso a un niño?

. . ."¿Qué me dices, hijo?
. . .¿Destruir? ¿Nosotros?. . .
. . .¿El mundo? . . .El mundo maravilloso del niño. . . ¿Alguien lo entiende?
¿Por qué lloras?
¡Los hombres no lloran!. . .
. . .¿Que Yo también debo llorar?
¿Que tengo que sentirme impotente igual que ustedes los niños, por no poder salvar al mundo?
Salvar al mundo. . . y ¿de qué?
¿De quién?. . . ¡Ah!. . . ¡Ah!. . .
. . .¿Qué les habrán dado ahora a los niños?"

"¡Mientes cuando me dices que sólo puedes verme bajo el reflejo de la luz ajena!
¡Que vivo para quedar bien con los demás!
¿Acaso me crees enajenada?. . .
¡Yo soy Yo!. . ."

No entendía: ¿Cómo, buscando ser una mujer libre, sin prejuicios, tenía que copiar a las demás para lograr ser aceptada? Le dolía ese comportamiento, y se preguntaba:

"Porque. . . si esto es cierto, si actúo diferente de lo que pienso. . .

¡Ésa no soy Yo!. . . Entonces. . . ¿Cuál soy Yo?. . .
¿No habré pasado mi vida engañándome, metiéndome zancadilla a mí misma; buscando la felicidad. . . y dejándola pasar?"

Intentó darse respuesta, buscar su identidad, en revistas, consultorios psiquiátricos, con psicoanalistas, técnicas y ciencias novedosas, y siempre le decían:

"Busque algo qué hacer. . .
Llene su vida. . .
Salga de vacaciones con su hijo. . .
Haga deporte diario. . .
Adelgace. . .
Muéstrese comprensible y amable con su esposo. . .
Amplíe su círculo de amistades. . .
Haga el amor con pasión todos los días. . .
Incremente su femineidad. . .
Siéntase atractiva. . .
Demuestre que es capaz de atraer la atención del sexo opuesto".

Comenzó a fantasear; a soñar despierta. Soñó que se le acercaban hombres hermosos que con sus miradas le despertaban su naturaleza.

. . ."*¿Quiénes me persiguen?. . . ¿Por qué pienso en ellos?. . .*

. . .¿Acaso me siento hembra en celo?. . .
¿O será sólo el deseo de conquistar. . . de
ser conquistada, de volver a empezar?. . .
. . .Él. . . es un hombre inteligente, cortés y
respetuoso. . .
. . .¡Lástima que no sea auténtico!"

Se sentía otra vez mujer. . . lo que con Él
había olvidado.

Sintió entre sueños su presencia. Y como
un reproche le dijo:

"Por qué no me amas?. . . ¿No me crees
digna de tu amor?
. . .¡Ellos. . . sí me creen mujer!
Son auténticos. . . Mira cómo me
contemplan, cómo me desean. . . ¡Ve este
cuerpo, estas ropas, estos labios!. . . ¿Qué
esperas para amarme? ¡Soy atractiva y
tengo todas las cualidades para ser la
mujer más popular. . . 'La mujer del año'!
¿Qué te pasa? No respondes. Entonces. . .
¡qué terrible!. . .
Si me compraste como un objeto en la
tienda de autoservicio, cuando menos. . .
¡úsame!. . ."

Seguía en su sueño. . . un sueño sin respuesta:

"¡Amar! ¡Amar es dar! ¡Dar. . . es entregar
lo mejor de uno mismo!. . .

Porque si esto es cierto,
si actúo diferente de lo
que pienso. . . ¡Ésa no
soy Yo! Entonces. . .
¿Cuál soy Yo?

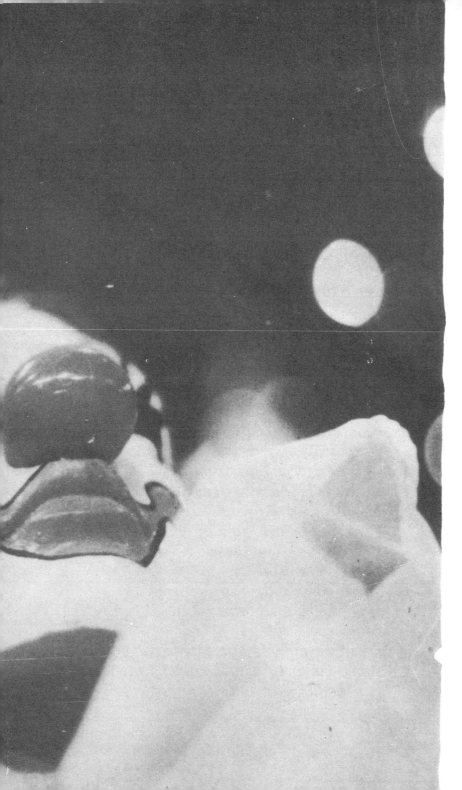

*. . .¿Sabes?. . . Yo estoy dispuesta a dar
amor sin límites, porque te quiero y sé que
podemos enriquecer y cuidar nuestro amor. . .
¿Qué te pasa?. . . ¿En dónde estás?
¡Sueños!. . . ¡Sueños! ¿Cuándo despertaré?". . .*

Comenzaba a sentir que no controlaba su
pensamiento, que su enfermedad se agudiza-
ba, que su problema era su confusión, su desorientación que le hacía falsear su realidad y
parecer una actriz representando un papel. Insistía, *Ella* lo amaba:

*"¡Comprende!, nos estamos haciendo
mutuo daño. . .
Los dos hemos sufrido humillaciones,
frustraciones, gritos. . . insatisfacciones.
No necesitamos ser crueles para
conocernos, ni para saber lo que deseamos.
Acepta: ¡Somos extraños!, nos conocemos
sólo dentro de nuestras máscaras
sociales. . . nuestros cuerpos físicos, nuestra
historia.
Pero, realmente, ¿quién eres?. . . ¿Qué
sientes?. . . ¿Qué deseas?. . .
¿En dónde estás?. . .
¿Qué ha pasado con nosotros?. . .
¿Por qué alimentamos aún el 'ego' y el
conflicto?. . .
¡Siempre quieres que piense, actúe, sienta y
sueñe como tú o los demás! Entonces. . .
¿En dónde está nuestro amor?. . ."*

Sabía que *Él* la oía. . . pero no quería escucharla. Se desesperaba, se angustiaba, pero volvía a intentarlo.

Ella era igual; no lo escuchaba, no aceptaba lo que *Él* decía. Creía que únicamente lo suyo valía. Siempre buscaba evadirse y no enfrentarse a su realidad. *Él* la culpaba, *Ella* vivía reprochándole:

. . ."*¿Sigues culpándome a mí?. . . No tenemos por qué imitar a otros matrimonios, ni tratar de quedar bien con ellos. ¡Cada 'Ser' y cada amor son diferentes!. . .*
. . .*Ya sé. . . que hay otras mujeres que se conforman con la mitad de lo que tengo, y de lo que tú me das. Sé que existen otros problemas mayores y hombres peores que tú, y que aún así son felices.*
No peleo eso, sólo lucho por llegar a ser cada día mejor; ¡cada día más humana!, ¡vivir plenamente! ¡Escúchame, no te vayas!. . . ¡Bah!. . ."
En su angustia se dirige a nosotros como queriendo justificar su conducta:
. . ."*¿Tú me entiendes? ¡Él no me entiende! En su ceguera no ha visto que mi lucha es tan simple como querer ser una persona, no un objeto. . . Que amor no es lo que Él me otorga, pues se mide demasiado. En su pequeñez sólo piensa que el amor se da materialmente. No comprende que el amor*

**¡Amar! ¡Amar es dar! ¡Dar. . .
es entregar lo mejor
de uno mismo!. . .**

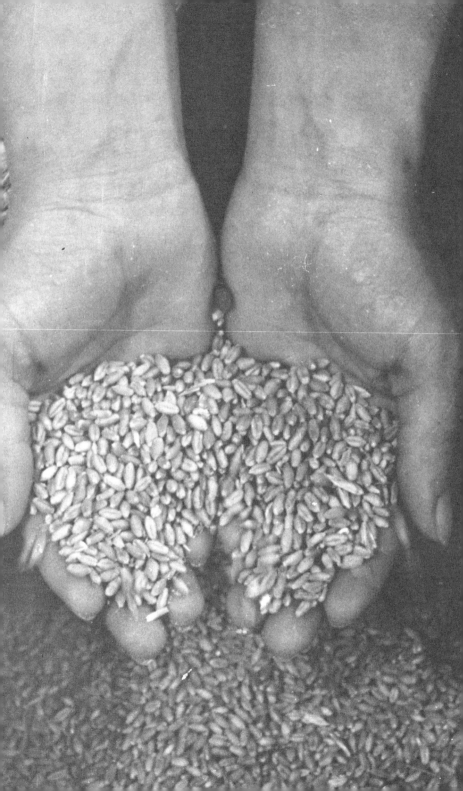

constituye la más alta satisfacción. . . ¡La
más grande expresión del ser humano!"

Ella sabía que les estaba costando demasiado cara su falta de identidad, de ubicación, de
coherencia en sus acciones.

Desconocían ambos que para que un *"Ser"*
sea capaz de amar, debe ser libre interiormente,
no sentirse omnipotente ni narcisista, tener
confianza en los seres humanos, mantener un
espíritu de lucha; de búsqueda. . . estimulan-
do y madurando su amor. Por no contar con
estas cualidades, ellos tenían miedo a darse;
a entregar su amor. Como deseosa de princi-
piar un verdadero cambio, preguntó:

"¿Estaremos sentenciados, en el mundo
actual, a no amar?. . . ¿Qué da una
persona a otra cuando ama?. . .
. . .¡Todo!. . . Su alegría, su tiempo,
su vida, su interés, su conocimiento, su
sabiduría, su honor y su tristeza. ¡Da todas
las manifestaciones de un amor, de un
'Ser' vivo!"

Y seguía diciéndose, buscando respuestas:

"Necesitamos despojarnos de la enajenación
del medio para no basar nuestro amor en
'estereotipos' o 'modelos', sino en el fruto
de dos libertades orientadas hacia
compartir el respeto y la responsabilidad
del uno hacia el otro.

Como dos seres, diferentes y únicos,
que se integran en un espacio sin dejar
de ser dos. . .
¡Necesitamos aprender a ser más grandes
individualmente, para que nuestro amor
valga más y fluya sin detenerse!

¡Requerimos actuar como dos seres
realizados, que se integran con humildad
para crecer. . . gozar y procrear juntos!"

Se detuvo en sus pensamientos, como si su vacío tomara fuerza. . . Denotaba angustia, ansiedad, tristeza. Voltea a vernos y pregunta:

. . ."*¿Por qué el amor me ha*
abandonado?. . . ¡Estoy sola!. . . ¡Sola!. . ."

Dirigiéndose a su hijo:

"*No te lo permitiré hijo. . . ¡No llores por*
mí!
Por favor, escúchame. . . ¡te lo prometo!
¡Lucharemos, hasta morir, por un mundo
con amor y dignidad. . . un mundo de
Seres humanos!. . . ¿Seres humanos?. . .
¿En dónde estoy?. . ."

¡El amor es la más alta
expresión del
ser humano!

"¡¡Amor, te necesito!!. . . ¡Amor, te necesito!. . .
No me abandones. . ."

Su desesperación aumentaba su soledad, su abandono. . . su vacío. Se sentía como "algo" que había sido arrojado; desechado por inservible. . . Lloraba interiormente, sin aliento. . . sin esperanza. En ese instante, en que casi se desvanece, entre sueños empieza a escuchar la "voz del amor" que con ternura y firmeza le dice:

"¡No te he abandonado!. . . ni tampoco te vengo a culpar. Pero tengo derecho, como

¿Siempre quieres que piense, actúe, sienta y sueñe como tú y los demás? Entonces. . . ¿En dónde está nuestro amor?

*parte de ti, de conocer por qué me has
despreciado y me has pisoteado. . . ¿Habrás
entendido que soy una experiencia vital?
¿Que formo parte de tu propio ser?. . . ¿De
tu naturaleza?*

*. . .¡Tú me puedes abandonar! Yo no
puedo separarme de ti. . . a pesar de lo
doloroso que ha sido nuestro andar. . .
nuestro camino.*

*. . .¿Por qué lo has hecho?. . No te fue
suficiente saber que soy la más alta
manifestación de tu ser, la expresión de tu
poder interior; de tu riqueza; de tu razón
de ser. . . de tu trascendencia. ¡A través de
mí lograrás relacionarte contigo misma, con
otros seres y con el medio que te rodea!
Todavía no entiendo tu egoísmo, tu
vanidad. . . ¡No! No es posible que estés
tan ciega. El amor sólo se logra cuando tu
entrega es plena y en dicha experiencia
cultivas con el otro 'Ser' una relación
digna, responsable y comprometida, donde
sin velos, sin máscaras, sin interponer el
Yo, se integran libremente, para crecer y
satisfacerse conforme a su naturaleza."*

Ella, en su sueño, luchaba por entender, por
salir de su confusión. Aún seguía creyendo que
todos la habían abandonado.

*. . ."¿Que por qué soy un cultivo?. . .
¡Porque no soy algo inerte! ¡Sino algo vivo;*

en crecimiento!. . . ¡Tú me haces crecer,
me das vida! Es algo que tú formas,
cuidas. . . y enriqueces.
Yo seré tan grande, tan pleno. . . tan rico,
conforme a la capacidad de entrega,
paciencia y humildad de los seres que me
aman.
¡El «Ser» nace para amar; para gozar;
para crear. . . y para crecer!
El amor existe en ti y fluye por tu
mandato o voluntad."

Le faltaba entender que el "Ser" nace con
el amor. Creía que era algo que se adquiría,
posiblemente hasta alguna vez había pensado
que se compraba.

. . ."¡Ah! ¡Ah!. . . Comienzo a entender,
has sido perezosa. Te recordaré. . . no
puedo entregarme a perezosos. Requiero
de seres que me desafíen, que me reten;
que se preocupen vivamente.
¡Que identifiquen con su ser amado, la
razón y el sentido de su amor! De ese
amor solícito, lleno de alegría. . .
de gozo, y de constancia. De seres
que están continuamente en su búsqueda
interior".

Ella prefería la comodidad; siempre la
misma comodidad. Sin darse cuenta, caía en
la rutina: el enemigo número uno del amor.

Se había acostumbrado a no pensar ni actuar por sí misma; a esperar que todo se lo dieran.

Nunca quiso aceptar que todos sus actos, su comodidad, la falta de preocupación y su dependencia, la habían llevado a ser perezosa para pensar; para actuar. A dedicar su tiempo a lo superfluo, a lo fácil. . . a lo vano.

La voz del amor se volvió a escuchar:

"¡Piensa, preocúpate por ti; busca! La acción te permite darte respuesta, te une con tus semejantes y con Dios. A través de actuar conscientemente y con amor lograrás entender y vivir en un nivel superior de pensamiento, desde donde alcanzarás la unidad y el equilibrio de tu ser.

. . .¿Que cómo puedes saber si existo?. . . ¿Aún no crees en mí?. . . ¿En tu propia naturaleza?. . . Existo cuando la voluntad, el espíritu y la calidad humana de dos seres se integran en una relación o vínculo interior construido en el respeto a su individualidad y dignidad. Orientando su energía y esfuerzo a la satisfacción de las necesidades, inquietudes y deseos de ambos seres. ¡Cuando existo doy presencia a la plenitud. . . a la felicidad!

En otras palabras: Estoy presente en cada instante que se da la entrega humilde, auténtica y real de dos seres comprometidos con su propia existencia. Que se aceptan en un compromiso común de lo que decidan ser. Soy un vínculo que los integra para crecer dentro de un gozo positivo y creador"

Ella no había logrado mantener el amor. Sin embargo lo buscaba y anhelaba desesperadamente. Estaba convencida de "por qué" y "para qué" amar y de la necesidad que sentía en su interior.

. . ."¡Qué inocente eres!. . . —afirmó el amor—. No hay fórmulas mágicas; soy una experiencia personal que se conforma con la integración de dos seres únicos, diferentes y libres.
¡No busques imitar a otros, debo ser tu propia experiencia, emprendida por ti, por tu voluntad!. . .
. . .¿Que te resto libertad? ¡Bah!. . . El dar no es sacrificarse, no es renunciar, es la expresión más altruista del poder y de la energía interior de tu 'Ser'. Esa energía al ser otorgada, se transforma en ti, en nueva energía. Sólo en el dar es posible un compromiso auténtico con la libertad.
¡Creer en mí te dará la fe, la fuerza y la confianza para mantener tu lucha!"

Empezaba a despertar de su sueño; de su crisis. A darse cuenta de todo lo que había

Existo cuando en cada instante se da la entrega humilde, auténtica y real de dos seres comprometidos con su propia existencia.

dejado de hacer. Poco a poco, "la voz del amor" se fue apagando hasta convertirse en un eco que, a través de sus ondas sonoras, mantenía la esperanza y la fe en el "Ser humano".

*"¿Dónde estás, hijo?. . .
¿Por qué me abandonas?. . . ¡No lo hagas!. . . ¡no!. . . ¡por favor!. . ."*

"¡Claro!. . . ¡Sí te amo, hijo!
. . .No comprendo por qué me lo preguntas. . .
Entiende. . . ¡No tenemos nada de qué
arrepentirnos, pero sí mucho qué hacer. . .
qué cambiar!
. . .¡Sí te quiero!. . .
El amor, hijo mío. . . ¡es lo más grande, lo
más sublime que existe en este planeta!. . .
Pero lo más importante es que aprendas a
amar a todos los seres humanos. . . y a ti
mismo".

Ella se preocupaba, comenzaba a pre-
guntarse:

"¿Cómo podré despertar el amor de mi hijo?"

Ese amor que a veces veía como algo inalcanzable, sólo reservado para los seres privilegiados.

¿Podríamos ser nosotros esos seres privilegiados?

Ese día decidió enseñar a su hijo a amar. En su reflexión, se preguntó:

"¿No habrá sido nuestro amor, hasta ahora, una relación estéril?". . .

*"¡Qué lástima da amar
y no ser capaz de producir amor!. . .*

*Hijo, ¿sabes qué es el amor?. . .
¡Es la dicha de dar y compartir la alegría
y el dolor!. . .
¡Es un agradecer a la vida, a la
naturaleza. . . al Creador!
¡Es la expresión plena de la libertad sobre
la Tierra!"*. . .

Ella, a pesar de que comprendía que el amor no es estático, que es una manifestación continua, un hacerse, un proceso que requiere de muchas actividades rutinarias, cotidianas. . . de una gran entrega, de dolores, de insatisfacciones, de incomprensión y de crisis, no había sido capaz de vivirlo plenamente, sólo lo pregonaba.

Se acercó a su hijo y con llanto en los ojos, le dijo:

"*¡Hijo mío, no permitiré que nuestras familias se avergüencen de nosotros; no seremos seres marcados!*

"*¡Claro!. . . Muchos hijos y mujeres han sido abandonados.*

. . .¿Sabes?. . . Ahora, en el trabajo todos tratan de cortejarme, creen que soy una mujer fácil que tiene necesidad de un hombre.

. . .¿Qué?. . .

¿Qué pasará con la casa y los muebles?. . . ¡Los dividiremos!. . .A los dos nos costaron esfuerzo. ¿O no?

¡Ya te he dicho mil veces, hijo, que no ensucies ni uses ese aparato! ¡¡Ya cuesta mucho!!

¡No llores hijo!. . . Todo va a cambiar. . . Tu padre volverá y llegará cantando, será como antes, el enamorado que no me dejaba en paz. ¡Él se cree triunfador! ¡Ja. . . ja. . .! pero no lo es. ¡Yo no he perdido!

. . .Ustedes lo saben. . . ¿verdad?

Ven. . . ven hijo, seguiremos luchando. . . seguiremos buscando juntos.

¡No me dejes!. . . ¡Hijo, abrázame! ¡Deja de llorar!"

Hijo, ¿sabes qué es el amor?. . .
¡Es la dicha de dar y compartir
la alegría y el dolor. . .!
¡Es un agradecer a la vida, a la
naturaleza. . . al Creador!
¡Es la expresión plena de la
libertad sobre la tierra. . .!

Se sentía sola en su lucha, le faltaban fuerzas para seguir.

Comenzó por no dormir: no descansaba. Algo la inquietaba, se sentía mal por dentro. Tuvo crisis nerviosas. . . Crisis profundas, llenas de un dolor interno; de ansiedad, de angustia, que destrozaban lo que había construido durante su lucha. Sentía tristeza, no comprendía por qué.

Se cuestionaba continuamente: "¿Qué me falta?. . ." ¡Sentía que le faltaba todo. . . todo!

. . ."*¿A qué mujer admiras? ¡A mí, claro!*
¿Sabes, hijo?. . . De verdad. . . soy toda
una madre. . .
No llores. . . tu padre volverá. . ."

En ese momento, *Ella* deseaba saber qué sucedía en su interior. ¿Por qué luchaban entre sí tantas fuerzas?. . . ¿Ya su instinto no le decía lo que debía hacer?. . . ¿Y su formación y tradiciones no le indicaban ya el "deber ser"?. . . ¿Sería por eso que se había olvidado de cultivar y enriquecer el amor de su hijo? ¿A qué se debía su insatisfacción, su descontrol?. . . ¿Habría luchado únicamente por orgullo y vanidad?. . .

Se detuvo, escuchaba los reproches de *Él* como un intenso golpeteo. Adquirió valor y con coraje se dirigió a *Él* diciéndole:

. . . "*¡Por favor, no me grites! ¡No soy tu*
esclava!

Tengo derecho a que me respetes. No
porque uses gritos y palabras hostiles y
agresivas te voy a temer.
. . .¡Dime!. . . ¿Por qué a través del poder,
de la fuerza, me orientas hacia el
servilismo y la pasividad?
¿No será que me dejas ser conformista,
pasiva y perezosa, para dominarme
fácilmente?"

"¿En verdad te es difícil entender como
hombre lo que es el respeto al ser
humano?. . . ¡Por favor!. . . respétame, yo
tengo mis propios sentimientos, mis propios
pensamientos. . . cuento con capacidad de
decisión para aceptar o rechazar.
¡No soy un objeto! ¡Soy un ser humano!. . .
¿No lo has entendido aún? ¡Tengo el
potencial y la voluntad para dar mayor
valor a nuestro amor!"

Deseaba que la aceptaran como igual, que
la ayudaran a crecer para tener una mayor
capacidad de respuesta y así poder ayudar a
los suyos y orientar a sus semejantes. Y le
seguía diciendo:

"¡Amar es integrarnos para lograr
trascender y alcanzar ambos otra
dimensión!

Es buscar mayores razones para crecer
juntos, por convicción y energía propia. . .
Es desechar ese sentimiento de impotencia
y aceptar retos significativos.
. . .¡No te quedes callado, participa. . .
lucha!"

No aceptaba su indiferencia. . . su silencio
permanente. Soñaba con ser una mujer más
activa, más productiva; humana.

. . ."¿Me escuchas?. . . ¿Sabes cómo me
gustaría ser?. . . ¡Es en serio!. . .
¡Me gustaría ser una mujer espontánea,
alegre, sincera y agresiva hacia la vida!,
que mis sentimientos brotaran sin negarlos;
abierta a mí misma y hacia los demás;
que pudiera intimar dando lo mejor
de mí.
. . .Además. . . me gustaría expresar
abiertamente sentimientos de ternura y
cariño, amando con locura; con pasión. . .
Influir y dejarme influir, sin perder mi
individualidad. Ser organizada para hacer
cosas valiosas que me permitieran gozar y
disfrutar intensamente cada acto de mi
vida.

¡Una mujer realizada plenamente!
. . .¿Lo crees?. . . ¡Ah!. . . ¡Ah!. . .

¡¡Qué feliz sería!!
¡Ay!, nuestro hijo. . . ¡Se nos ha
olvidado!. . .
. . .¿En dónde estará? ¿Lo han visto
ustedes? . . ."

93

¡Amar es integrarnos para logra
trascender y alcanzar ambos
otra dimensión!

"¿Por qué me dejas?. . . He dado todo por ti. . . Mi juventud, mi realización. . . mi trabajo. Me has encarcelado en esta casa aburrida en donde la soledad. . . es infinita. . .

¿Qué más quieres que sea?. . .

Ya he sido tu esclava; tu sirvienta; tu objeto sexual.

¡Me he subordinado a tus deseos!

. . .¡No me dejes!. . . ¡Yo te amo!

¿Qué dirá la gente?. . .

. . .¿Por qué lo haces?. . . ¡Ah. . .! ¡Nada más eso faltaba, que tú también te sientas explotado!

. . .¿Sabes?. . . Es la falta de una respuesta
auténtica. . . es la carencia de un amor
profundo.

Me quitaste el sentimiento de ser útil;
importante.
Ese sentimiento me lo daba el trabajar.
Era una época feliz en que nos gozábamos,
nos teníamos el uno al otro. Había
confianza. . . no me celabas.
No te importó mi carrera ni mi vida,
únicamente lo que tú querías. . .
Sólo Dios y tú saben cómo gocé el
trabajar, la oportunidad de actuar por
mí misma; de decidir, de aceptar
responsabilidades, de analizar los
problemas con madurez.
Luego, llegaba a la casa y me exigías que
me convirtiera en una 'palomita de nido',
dulce, abnegada, sumisa, obediente y
dispuesta.
. . .¿Sabes?, y no me pesaba, se
equilibraba con las satisfacciones del día,
con tu cariño, tu compañerismo. Me sentía
útil, persona; amada.
Tu capricho fue que dejara todo eso. . .
Tú querías un juguete nuevo. Un hijo. . .
¡Lo tuviste! ¿Y para qué?. . .
. . .¡Ah!. . . ¡Pero ni Yo ni mi hijo
seremos tu burla, te lo aseguro! ¡Si nos
quieres para entretenerte. . . no lo
lograrás!"

Siempre estuvo dispuesta a cambiar si encontraba una razón; la deseaba, la buscaba. Estaba segura de que la encontraría para que los dos se sintieran "seres vivos"; para que lo que desearan juntos tuviera significado y les quitara ese sentirse explotados y devaluados uno por el otro.

. . ."¡No entiendo!. . . ¡No entiendo! ¿Por qué dejar todo?. . . ¡Dímelo!. . . Si dejo el trabajo comenzarán los conflictos. Ya no tendré derecho a opinar, a exigir, ya no 'aportaré nada', sólo será la dedicación a mi hijo, a mi casa. El ser tu secretaria, amante y sirvienta las 24 horas, durante 365 días, durante 8760 horas al año. . . y para ti. . . eso no vale nada. . . ¡Nada!"

Recordaba cómo anteriormente se admiraba a la mujer por sus dotes de ama de casa, de "señora", de "madre". Se apreciaba al sexo femenino por su disposición para formar un hogar; una familia; amar a su marido y educar a sus hijos. Entonces se preguntó: "¿Qué nos pasó?. . . ¿Qué fue lo que nos sucedió?". . . Y con desesperación nos grita:

. . ."¡Mundo!. . . ¿qué nos está pasando?. . . ¿No sientes que el costo es muy alto?. . .

¡Y tú!. . . te has preguntado ¿cómo
lograr dar amor, para entregarse
a esas pequeñas cosas diarias
de la vida?

¡Si devaluamos las funciones vitales de la mujer, la humanidad se irá autodestruyendo día con día!". . .

Ella lo sabía. La devaluación de esas actividades vitales hacen que la mujer se sienta inútil, pequeña. . . explotada. Se dirigió a nosotros; adquiriendo valor, y con energía, nos cuestionó:

. .*."¡Y tú!. . . ¿te has preguntado cómo lograr dar amor para entregarse a esas 'pequeñas' cosas diarias de la vida? ¿Aun con la convicción de que tu esposo, tu medio, tus hijos, no les dan valor?. . . ¡Es al amor. . . al amor. . . al que no le damos valor!".* . .

Para *Ella* no era el trabajo doméstico ni el hogar lo que se había devaluado, sino el amor, el amor en sí mismo.

Había que acrecentar el amor dándole un valor real a cada acción, ese amor de día a día, tendiente a enriquecer las funciones vitales de la mujer.

. . *."Hijo, ¿por qué lloras escondido en esa esquina? No le tengas miedo a nadie. . . ¡menos a mí!. . . . . .¿Sabes?. . . Yo también lloro. . .*

Qué lento se va el tiempo. . . es un trabajo invisible. . .
Sólo se nota cuando no se hace nada.
Pasa lento. . . interminable. . .

¡Barrer es de sirvientas sumisas, domésticas; las señoras no lo hacemos, es un suplicio! Mi madre decía: ¡Todo lo que hay que hacer y sacrificarse, y ni lo pagan ni lo agradecen!
¡Bah!. . ."

"¡*Tú me buscaste!. . . ¡Yo te busqué!*
Los dos deseábamos algo digno y afín a
nuestros anhelos, a nuestras inquietudes,
valores y necesidades.
¡Deseábamos crecer. . . no destruirnos
como infantes irresponsables!"

Para *Ella*, *Él* no entendía, no reaccionaba,
sentía una gran pena. Veía naufragar su hogar, su vida. Se sentía impotente para encontrar
su felicidad. Le molestaba el comportamiento
de *Él* y se lo decía:

. . .*"¿Qué te pasa?. . . ¿Por qué me tomas*
como una máquina?. . .

. . .¡Ah!. . . Ya sé. . . Usas tus técnicas de 'cómo hacer feliz a una mujer en un minuto'. ¡Quisiera gritarte!, ofenderte, desgarrarte, pero. . . ¡Ni eso puedo!, nuestras relaciones se han vuelto aburridas, insípidas. . . y sin sentido.

¡Sólo la gloria para el gladiador!. . . ¡Ave César!. . . Te invito a que seamos maduros, a que renunciemos a los sueños de omnipotencia, egolatría y narcisismo, y con humildad, como dos seres llenos de valor, unámonos en el amor, y hagamos lo propio con nuestro hijo.

¡Vivamos juntos esta etapa, compartiendo nuestras vidas y experiencias y buscando ser nosotros mismos!. . .

. . .¿Por qué hemos fallado? ¿Nos faltó respeto?. . . ¿Valor? ¿O. . . fuimos incapaces de compartir?

. . .¿Que si entiendo la libertad? ¡Sí!, sí la entiendo. He vivido una libertad orientada a demostrar a los demás que era la más grande y mejor de todas las mujeres. Y de mostrarme a mí que la mujer no tiene límites. . .

¡Ahora quiero vivir la libertad orientada hacia nosotros. . . hacia nuestro amor! ¡Esta vez, no quiero fallar!". . .

Recordaba las palabras y contradicciones con sus amigas y compañeras de trabajo. A ellas no las culpaba. Aceptaba que había sido su debilidad; ellas la orientaban hacia la coquetería, la infidelidad, y *Ella* sólo se dejó llevar.

Era de lo que se hablaba en las reuniones. Llegaban cargadas de orgullo y vanidad; platicaban de temas vacíos, banales.

Todo lo que decían era con el deseo de "sobresalir", de sentirse grandes, sólo buscaban enriquecer su vanidad. Contaban sus conquistas, aun cuando no fueran ciertas, con el afán de destacar más que las otras amigas. A *Ella* la hacían sentirse como una tonta y más cuando hablaba de amor, de trabajo en el hogar, de su deseo de ser una mujer comprometida y "realizada". Al principio no se sentía bien con sus amigas, más bien se sentía pequeña, incomprendida. . . como en otro mundo.

. . ."*Lograron confundirme. No era verdadera su amistad, se burlaban, decían que era una esclava, un ser explotado; se reían de mí. . .*

Me decían con ironía: 'Lo único que te pedimos es que no se enteren nuestros maridos de que todavía existen mujercitas como tú, como gatitas de hogar, que esperan al marido despiertas, tejiendo monerías y ronroneando de amor. A lo mejor se les ocurre pensar a la antigüita y entran a esa onda fuera de moda. Nunca se los digas; ¿cómo quedaríamos frente a nuestros maridos? ¡Eres una amenaza para

¿Por qué hemos fallado?
¿Nos faltó respeto? ¿Valor?
¿O fuimos incapaces
de compartir?

nosotras! Realmente tú no te valoras. ¡Eres una esclava!'
Y entonces me pregunté. . .
¿Será que las mujeres hemos dejado de pensar?". . .

Aparentemente, todas sus amigas la apreciaban, pero en realidad la envidiaban por tratar de ser mejor, por buscar nuevos rumbos, nuevos valores, y por desear participar con más sinceridad y entrega en los problemas de la humanidad. Se esforzaba por no perder el tiempo y sus valores en banalidades.

. . ."¿Qué pienso ahora?. . . Ahora no sé si los papeles femeninos, las actividades rutinarias y las responsabilidades en el hogar nos devalúan como mujeres. . . o por comodidad decimos que sólo son para sirvientas. . . ¿Sabes?. . . Me tildaron de idiota, de mediocre. . . de retrógrada, por no buscar ser como ellas.
. . .¿Entiendes mi confusión?. . .
. . .¿Quién tiene la razón? ¿No será que las mujeres estamos cambiando la escala de valores a nuestra conveniencia?"

Ella lo amaba, no podía aceptar ese camino que le proponían sus amigas con tal de sobresalir y ser grande "entre ellas". Quería seguir respetando sus sentimientos, sus valores. Deseaba volver a gozar con frescura el viento, el sol, el amor de *Él* y la sonrisa de su hijo. Lo anhelaba en su interior, con un profundo deseo de vivir.

. . ."*¡Mírame! Dime. . . ¿qué ves en mí?. . . ¿Todavía está ahí?. . . ¿Te interesa lo que sufro? ¡No!, no tengas lástima, entiéndeme. . . ¡Sólo entiéndeme!. . .*"

Sonríe dentro de sí. Se nos queda mirando tranquila, como satisfecha. No desea que la dejemos en su soledad, en su crisis. . . en su derrumbe. Desea que la acompañemos en su camino. . . en su largo camino. . .

"¡Me mata tu indiferencia, tu silencio!. . .
¡¡Dime algo!!. . . No importa que me ofendas, pero hazme sentir que estoy aquí. . . ¡Que estoy viva!
¡Mírame a la cara! ¡Me estoy muriendo. . . no aguanto esta soledad!
El tiempo que dices estar aquí, estás ausente, no estás realmente. Te encierras en ti mismo, no quieres que nadie te importune; no aceptas una caricia, un beso. No haces presencia; es tu egoísmo, tu falta de amor. ¿De quién tratas de fugarte?. . .
¿De ti. . . o de mí?. . ."

Me mata tu indiferencia,
tu silencio.
¡Dime algo!. . . No
importa que me ofendas;
hazme sentir que estoy
aquí. . . ¡Que estoy viva!

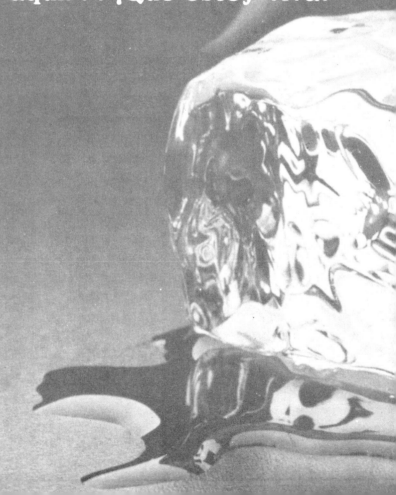

Su alma perdía valor y fuerza. Necesitaba la aceptación. No quería ser rechazada como un ser indeseable. Para *Ella* era necesario saberse reconocida para volver a estar bien, o. . . simplemente . . .para sentirse viva.

. . ."¿Qué piensas?. . . Tomémonos simplemente de la mano y salgamos a caminar bajo la luna. . . La noche está bella. ¿Que cómo podemos resolver nuestros problemas?

. . .¿Sabes?. . . Creo que lo que necesitamos es que me raptes, que salgamos de estas paredes que, aunque no tienen culpa, ya conocen nuestro secreto y no nos permiten ser 'humildes' para escuchar. . . ceder. . . dar.

Están cargadas de resentimientos, de odio. . . de vanidad.

Vayamos a un lugar en donde nuestros cuerpos y nuestras almas se comuniquen con sinceridad y abiertamente. Necesitamos un momento para conocer nuestros sentimientos, para perdonarnos por lo que no hemos sido, y que esa comunicación sincera ilumine y refuerce nuestro amor. ¡Seremos amantes!. . . ¡Queridos!. . . Seremos seres en búsqueda. . . ¡Ansiosos de darnos una respuesta que nos lleve hasta el éxtasis!. . . ¡Será como un nuevo amanecer. . . como un reencuentro de dos seres deseosos de aprender a amar!. . ."

Comenzaba a sufrir su soledad; lloró esa noche, luchaba por construir una vida distinta y ser feliz; intentaba vivir un nuevo amor sobre bases diferentes, pero no actuó, esperó. . . esperó. . .

Pensó en la Navidad, esperaba la Navidad con entusiasmo y ansiedad. Lo que deseaba lo expresó en voz alta:

. . ."*Estoy segura de que en esta época en que renace el amor y el corazón está pleno de entusiasmo, nos diremos palabras bonitas, viviremos nuestros deseos de amar. Estaremos más cerca de Dios. . . oraremos juntos los tres, jugaremos, cantaremos, y nuestra alegría se escuchará en el cielo. Saldremos de compras, a oír las campanas. . . y a esperar que surja en nuestro espíritu la chispa de la vida. . . ¡que renazca nuestro amor! Nos haremos promesas para mejorar nuestras vidas. Recordaremos esos pequeños momentos de alegría que existían entre nosotros y que nos daban calor. Y esa noche, con humildad, tomaremos valor para ofrecernos uno al otro*".

Esperó largamente. . . vanamente. . . ¿Qué le faltaba? ¿Inteligencia? ¿Humildad?. . . ¿Amor?. . .

¡Será como un nuevo amanecer,
como un reencuentro de
dos seres deseosos
de aprender a amar!

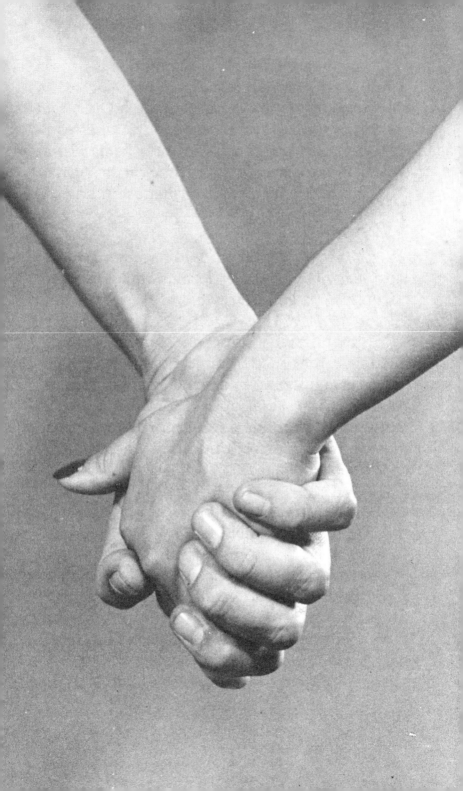

Por mucho tiempo tuvo fe en que las cosas cambiarían. Siempre esperaba un milagro. Era soñadora, esperaba demasiado de la vida. *Ella* decidió ser libre, romper con situaciones establecidas que la estaban llevando hacia el fracaso, la insatisfacción, la frustración, la soledad y la locura. No le era fácil, y menos en una sociedad tan tradicional.

. . ."*¡Ahora soy libre!. . . Y. . . ¿para qué?*
Si ser libre es perder lo más valioso de uno mismo. . . ¡no lo acepto!"

Se manifestaba como un "*Ser*" angustiado. Lleno de rencor, de coraje por no haber entendido la libertad, ni saberla orientar ni aprovechar. *Ella* sabía que el problema no es adquirir la libertad, porque por naturaleza se nace con ella, sino enriquecerla y aprovecharla; saberla utilizar.

. . ."*¿Realmente soy libre?. . .*
¡Soy una mujer libre!. . .
¡Soy mujer!. . . ¡Soy madre!. . .
Ahora nadie interviene en mis decisiones,
de nadie dependo, nadie me ata. . . nadie
me espera. . .
. . .*¿Alguien me ama? ¿Quién me espera?. . .*
¿Ahora?
. . .*¿Para qué? ¿Para qué soy libre?*". . .

120

Sentía que su libertad le solicitaba una respuesta, una responsabilidad, una conciencia profunda de su realidad.

Buscaba reforzar lo vital para lograr otra dimensión: se sentía capaz, digna. Gozaba su lucha, orientada a lograr un mayor respeto como ser humano. Mantenía su esfuerzo.

. . ."*¡No me miren así!. . . ¿Qué les sorprende? ¡No estoy loca!. . . Acepto que he sido vanidosa, soñadora. Una soñadora que cree que puede ser plenamente feliz y que cree que las mujeres están dispuestas y deseosas de salir a luchar. Dime, ¿estoy en un error?*

. . .¡Escuchen mujeres!. . . Nosotras no debemos ser ignoradas, ni tratadas como seres inferiores. Ya no debemos ocultar nuestra inteligencia. Vivamos un nivel de mayor participación, más lleno de compromisos y responsabilidades; crezcamos, luchemos. . . actuemos. Tengamos el valor para aceptar esa nueva dimensión. . . es algo maravilloso que enriquecerá nuestras vidas. ¡Oh, soy mujer!. . . ¡Mujer!. . . Ahora me siento orgullosa de serlo. . .

¡Pondré en alto a mi 'Ser'. . .! Dios. . . ¡te lo juro!"

"*¡No permitiré que me destrocen!*
¡No!. . . ¡No!. . . ¡No lo permitiré!
¡Fantasmas! ¡Monstruos!
¡Vengan. . . quiero conocerlos!"

En su crisis, entró en una situación irrefrenable. Seguía golpeándose internamente. Sintió que estaba dentro de un pozo largo, hueco, interminable, oscuro, y que la arrastraba hacia el vacío, como queriéndola devorar. En su desesperación escuchó a su "Voz interior" como un signo de que su conciencia aún estaba viva. Cambió su semblante, se calmó y escuchó:

¡No permitiré que me destrocen!

. . ."¡Mujer, tú que eres una razón esencial
en la vida de la humanidad!, ¿por qué te
dejas morir?. . . ¿Acaso no has reconocido
tu auténtico valor?. . . ¿Ni te has enterado
de tu misión en este momento histórico?. . .
Dime, ¿cuáles son tus compromisos vitales?. . .
¿No lo sabes?. . . Entonces, te preguntaré:
¿Hacia dónde está orientada tu lucha?
¡Ah!. . . ¡Ah!. . . Hacia tu orgullo y
vanidad. Tratabas de quedar bien con otros
y no te dabas respuestas a ti misma, ni
tampoco a quienes te querían".

Se sentía más enferma, había momentos en
que la locura se apoderaba de *Ella*, se desco-
nectaba de su realidad.
Su "Voz interior" la intentaba sacar de esa
crisis:

. . ."*Escucha por un minuto los mensajes
de tu Ser:*
*Tú que eres mujer, el primer compromiso
vital que tienes es crecer como ser humano,
desarrollando tu potencial en cada etapa
de tu vida, conociendo tus cualidades, que
pueden ser infinitas.*
*Crecer significa ser cada vez más grande
en tu interior para poder enviar respuestas
de mayor calidad al exterior. Significa
incrementar tu capacidad de darte y dar a
los demás, de amarte y amar a tus
semejantes, de actuar. . . decidir y crear.*"

Se daba fuerza, para escuchar atentamente, comenzaba a entender su error, la razón por la que Él la había abandonado. Su soledad era profunda. . . fría. . . dolorosa.

. . ."*Claro que te acepto y te comprendo*". . . *le decía su "Voz interior"*.
. . ."*Sé lo que es ser mujer, ¡yo lo soy!*. . . *Pero dime: ¿Habremos entendido las mujeres nuestro origen vital y nuestra auténtica finalidad?*. . . *El Creador nos otorgó grandes virtudes. Nos entregó la vida del 'Ser', el sublime don de gestar, formar*. . . *crear conciencia, así como la capacidad de enriquecer y mantener los valores, y dar las condiciones necesarias para que los hombres crezcan y actúen como 'Seres humanos'.*
Es tu naturaleza de mujer la que concibe y gesta la vida, la belleza, el amor. . . *la verdad. Tu naturaleza*. . . *tu 'Ser' exige de ti una entrega profunda, plena de amor, de paciencia, de responsabilidad y de madurez. En la medida de tu compromiso, gestarás y formarás hombres sanos que en el futuro dirigirán los destinos de la humanidad. Perdón, no te escuché*. . . *¿Me estás hablando de tu hijo?*. . . *Claro. Estoy de acuerdo, la mujer no debe destruir el mundo de fantasía, de ficción y de ilusión del niño. Sería fatal, formaríamos un futuro muerto, sin imaginación*".

¡Mujer, tú eres una razón esencia
en la vida de la humanidad!
¿Por qué te dejas morir?

Sentía que le exigían demasiado, se preguntaba por qué querían hacerla responsable del futuro del mundo. ¿No sería que los hombres deseaban evadir su responsabilidad y buscar culpables? ¿No desearían destruirla? ¿Buscar un chivo expiatorio? Existía confusión, no quería aceptar ni creer a su "Voz interior". Sentía que la juzgaban y se burlaban de *Ella*. ¿Realmente trataban de buscar a quién culpar de estas crisis profundas en las que viven? ¡No quería más responsabilidades! Tampoco quería escuchar. Pero su "Voz interior" deseaba que *Ella* fuera diferente:

. . ."*¿Que si esto representa mayor responsabilidad?. . . ¡Desde luego! En cuanto el 'Ser' crece y participa en acciones, riesgos y decisiones, su responsabilidad es mayor. La humanidad espera de ti que, como mujer, entiendas tu naturaleza intrínseca y le permitas crecer a través de un respeto profundo hacia ti misma, a tu esencia. . . a tus valores, y que seas capaz de dar una mayor respuesta a tus compromisos innatos. Este respeto no significa temor ni sumisión, sino capacidad de aceptarte tal como eres, con tu individualidad, tu naturaleza, tus sentimientos y debilidades*".

Comenzaba a cansarse, no sabía por qué. Su "Voz interior" insistía tanto. . . Le pareció que le recitaba un sermón, una clase de moral. Se resistió. Jamás aceptaría imposiciones de nadie, y menos moralistas. Y se lo dijo.

Su "Voz interior" le contestó:

. . ."*¿Que estoy siendo moralista?. . . Discúlpame. . . no es moralismo, es entender la naturaleza humana, sus necesidades y sus capacidades, y no aceptar que por debilidad interior, o por querer justificar una acción, se mermen tus compromisos vitales de mujer.*
El respeto a ti misma es esencial, porque tienes la inmensa tarea de mantener y enriquecer los valores del Ser. Tu compromiso es ser el guardián. . . el vigilante de los valores eternos: la verdad, el respeto, la dignidad. . . la libertad y el amor".

Le parecía muy poético que la mujer fuera el guardián de esos valores, pero se preguntó:

"*¿No estarán dándonos más valor a las mujeres del que realmente tenemos?*"

En ese instante, su "Voz interior" se dejó escuchar:

¡Es tu naturaleza de mujer la que
concibe y gesta la vida,
la belleza, el amor!. . .
¡la verdad!

. . ."¡Entiéndete mujer!. . . Tu valor es
infinito, por eso es importante tu
participación en los momentos actuales,
cuando los valores humanos se están
derrumbando, cuando se han desechado
por inútiles e inservibles, conforme a
los intereses y las debilidades de las
personas y de sus organismos sociales.
¡Tu amor y tu vigor revivirán los valores
eternos! Yo que vivo dentro de ti, aún
te creo. . . ¿Que parece sermón?. . . Por
favor. . . tómalo en serio, ya no hay
tiempo, no tengo otra manera para que
adquieras conciencia de tus compromisos
vitales como mujer. . . La humanidad
requiere cambios profundos ahora".*

Estaba fatigada, agotada, se esforzaba mucho por mantenerse atenta, lúcida, en contac-
to con su realidad. La "Voz interior" se da
cuenta y, casi gritando, le dice:

. . ."¡No duermas tu pensamiento!
Escúchame. . . no son momentos de
hablarte de cosas vanas, triviales,
intrascendentes. ¡Despierta!. . . ¡¡Despierta!!
No te duermas. . . Sí, otro de tus
compromisos vitales como mujer es
construir y mantener el hogar en donde los
'seres humanos' encuentren sus momentos

valiosos para formar y conservar su
familia. . . ¡No la destruyas!. . . ¿Cómo es
posible que el egoísmo y la comodidad te
hayan permitido destruir una familia? No
te culpo, el cambio y la evolución traen
consigo confusión, desorientación, emociones
pasivas y negativas."

Le dolía no haber tenido la voluntad o preocupación sincera para conservar su hogar; su
amor. *Ella* había dedicado su pensamiento y
su tiempo a lo trivial, a lo intrascendente. Su
"Voz interior" deseaba que entendiera su naturaleza, su razón de existir, trataba de
orientarla:

. . ."Los seres que te aman solicitan de ti
que los integres, que los unas, que formes
una unidad, una gran familia con razones
y objetivos que les permitan crecer juntos,
apoyándose. . . comprendiéndose, para
vivir felices y realizados. Eres el núcleo que
une, que integra, que unifica. Eres el eje y
el centro; sin ti no se puede dar la
unidad, todo se desintegra y muere.
. . .¡Tú puedes dar vida!. . . ¡Pero también
tomarla para destruirla!. . . Eres quien
enriquece o destruye, quien revive o hiere
de muerte. Eres un ser que a través del
amor vives, gozas y construyes. . . ¡Tú

135

¡Tu amor y tu vigor revivirán
los valores eternos!

logras integrar y mantener en el espacio
y en el tiempo el germen esencial de
la vida!
. . .Otro compromiso vital como mujer es
encontrar y dar una razón para que cada
actividad que desarrolles, por pequeña o
rutinaria, aparente o insignificante que sea,
adquiera un valor en relación a tus ideales
y objetivos, como parte de un todo.
¡Se ama aquello por lo que uno se
esfuerza, vive y goza!. . . Y se trabaja
por lo que uno ama, cuando se es capaz
de dar lo mejor de uno mismo, no sólo en
cantidad sino con calidad".

Se cansaba, se aburría. *Ella* quería que en
todos los momentos de su vida hubiera nove-
dades y emociones. Que no existieran actividades rutinarias ni repetitivas. No había
logrado entender que la vida tiene su ritmo. . .
y su tiempo: su equilibrio.
Cada una de las palabras de su "Voz interior" le dolían porque le señalaban lo que había
sido capaz de ser, de actuar; de sentir.

. . ."¿Por qué te ofendes?. . . No trato
de ofenderte, sino de orientarte, de
ubicarte, para que dirijas tu lucha
hacia lo verdadero, lo real, no hacia lo
falso.

. . .¿Que estoy equivocada? No puedo,
recuerda que soy tu 'Voz interior', soy
parte de ti, conozco tus debilidades,
insatisfacciones. . . y dolores.
También he sufrido tu largo e interminable
tiempo ocioso, despreocupado. Dedicado a
niñerías, a justificarte. . . a engrandecer
tu vanidad y a sufrir tus manipulaciones y
juegos. Siempre deseaba que dedicaras tu
tiempo a dar, a dar vida. . . a dar
respuesta, a dar amor a tus semejantes. A
enriquecer este mundo en decadencia, en
crisis. A no permitir que se destruyera
la esencia de los valores eternos. ¡Ahora
es tu oportunidad!. . . Vive y goza
tu amor, aquí y ahora. . . sin limitaciones,
sin espacio, a través de tus hechos, de tu
entrega."

La "Voz interior" se fue apagando ¿Habría
dejado una huella profunda en *Ella*?

No fue suficiente, no quería reconocer sus
errores, romper la inercia para así aceptar
sus compromisos vitales. Titubeando dijo:

. . ."¡No te vayas! ¡No me dejes sola! Tú
eres lo único vivo en mí, te creo. ¿Pero por
qué tengo que ser yo? ¡Yo estoy
enferma!. . . ¡No te vayas!, por favor". . .

Comenzó a refugiarse y fugarse cada vez
más en su enfermedad. Empezaba a gritar en

silencio, a hablar a solas, a cantar llorando. Pero por su amor hacia *Él* aparentaba estar tranquila, reposada, contemplativa. Prefería llorar interiormente. . . En ese vacío profundo. . .

"*Te veo triste, hijo, solo. . .
ya no tienes tu sonrisa, ya no preguntas ni
peleas, ya no corres ni juegas.
¡Te cambiaré de escuela!
¡Te compraré lo que quieras!
. . .¿Que si estoy enferma? ¡No!. . . No estoy
enferma, sólo nerviosa, esos nervios que
dicen que tengo, a veces me dominan. . .
Han sido muchos años. No te apures, me
curaré. Sólo te pido, hijo mío, que
me ayudes en mi soledad. El abandono
de tu padre es muy duro y tú lo haces
más pesado aún con esa actitud de rechazo
hacia mí.
Me quitas lo único que tengo: tu amor.*

141

*Me juzgas mal sólo porque soy la que
hablo.
. . .Y dime, ¿por qué a Él lo perdonas?
A tu edad no puedes entender su actitud y
mi soledad, hijo mío; mis nervios flaquean,
dame tu apoyo; no me desprecies ni me
odies, no podría resistirlo, quedaría flotando
en el vacío eterno. . . en una infinita
agonía. ¡Ámame, hijo mío, como yo te amo
a ti!".* . .

Ella se sentía cada vez más impotente, más
incapaz, sin valor ni vitalidad para luchar. Co-
menzaban a dominarla los nervios. Era profunda su soledad, su aislamiento. Menor su
posibilidad de amar, de hacer uso de sus cualidades humanas.

. . ."*¡No rompas ese aparato! . . . ¡Todo
cuesta!
No te entiendo. Antes te pasabas horas
enteras frente al televisor, como embrujado,
gozabas hechizado, le cantabas, sonreías y
hasta brincabas diciendo:
'Tengo una nana que me divierte, me
enseña y no me pega'. No te entiendo.
Ahora lo destruyes. . . Hijo, ¿por qué
buscas la soledad? ¿El silencio?. . .
¿En qué piensas?. . . ¡Dímelo! ¿Por
qué esa rebeldía? Te estás haciendo
daño.*"

La separación había producido en el niño vergüenza, soledad, sentimiento de culpa. ¿Sería la ausencia de amor la fuente de esa angustia?

. . ."¡Por favor!. . . No lo hagas. . .
Te prometo que tu padre volverá, que
los tres juntos saldremos a luchar
porque exista amor en el mundo, porque
no se destruya tu fantasía y tu
imaginación.
. . .*¡Lucharemos por un mundo en*
donde los niños puedan realizarse!"

No quería tomar la separación como un fracaso personal. Nunca esperó llegar a vivir esa crisis tan profunda, tan dolorosa.

. . ."*¿Qué es la separación?. . . ¿El abandono, el sentirse fracasada. . . inútil. . .*
impotente?
¿Por qué debo pagar yo ese precio? ¿Qué
ha pasado? Ahora me siento empujada por
un muro invisible. Alguien me empuja. . .
¿Serás acaso tú?. . . ¿Tú, mi espíritu,
deseoso de libertad?". . .

Comenzó a sentir fuertemente su descontrol. Le dolía pagar el precio. Era su momento de transición como mujer, en donde la trage-

Hijo, ¿por qué buscas la
soledad. . .
el silencio?. . .
¿En qué piensas?
¡Dímelo! ¿Por qué esa
rebeldía?
¡Te estás haciendo daño!

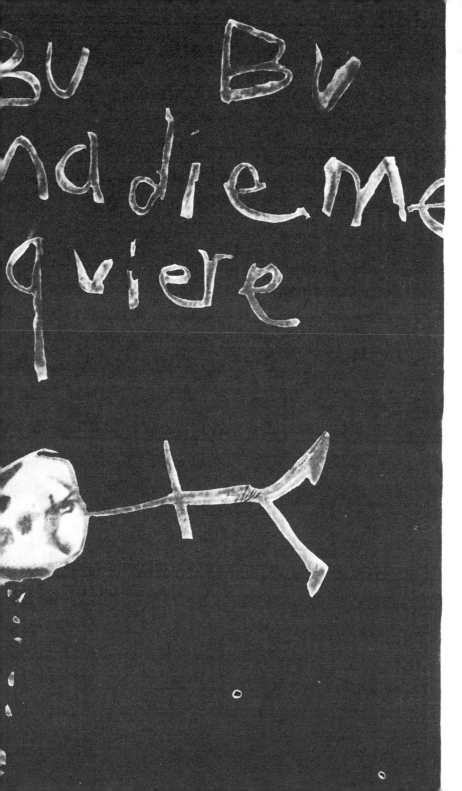

dia de su vida la llevaba a ser heroína sin desearlo. . . o. . . ¿realmente deseándolo?

. . ."*Estoy aquí, siénteme, tócame, pero. . . Yo no puedo sentirme ni tocarme. . . estoy lejos. . . en un mundo extraño. . . Si este mundo era mi casa, ¿por qué no me aceptaron?. . . Pasaré muchos años sin querer despedirme de ustedes. . . del amor. . . de mi hijo.*
La evolución de ser persona requiere tiempo, tiempo. . . No es sólo un acto de pensamiento, es tiempo, cuidado, responsabilidad. Es respeto al organismo vivo, es orientar la energía vital hacia lo valioso, lo significativo. . . lo trascendente."

Su espíritu luchaba por volver a su estado normal. Su crisis era cada vez más aguda. Se sentía. . . como suspendida en el aire.

. . ."*¿Que si sé algo del amor?. . .*
. . .*Juzguen ustedes. . . ¿cómo me ven? Soy una hermosa mujer. . . confío en que me entiendan y acepten.*
¡Yo no soy la culpable!. . . ¡Él no comprende ni acepta el verdadero amor!". . .

Comienza a arreglarse el pelo con esmero para que no la veamos mal presentada después

de su crisis, hace un esfuerzo supremo por
controlarse, se le nota cansada, débil, fastidia-
da. Su espíritu de lucha la mantiene con energía y entusiasmo.

> *"¡Anhelo amar a alguien!. . . ¡a alguien!*
> *Buscaré a mi hijo. . .*
> *¡Es tarde!. . . ¡Es tarde!"*

¡Estoy aquí, siénteme, tócame, pero. . . yo no puedo sentirme ni tocarme. . . estoy lejos. . . en un mundo extraño!. . .

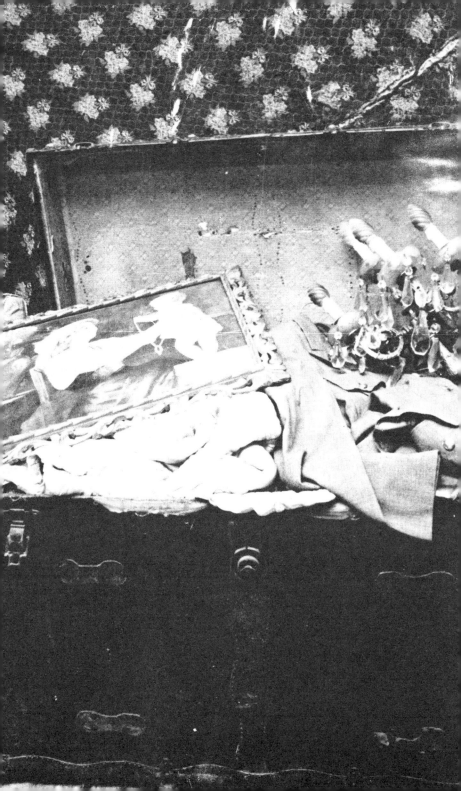

Sintió que el tiempo se le fugaba, que caía en la oscuridad. . .

Como un último recurso comenzó a escribir, deseosa de que esta historia fuera eterna, que la entendieran y aceptaran. Su mano era lenta; su pensamiento desgarrante. . . Sólo el amor y su espíritu de mujer la sostenían. Quería gritar, como una solicitud a la vida, como un sollozo, como despedirse. . . Marcó con tinta su deseo; su sentir, antes de morir. . . en vida. . .

Amor,

Aún siento que eres mío, y desde el fondo de mi ser tomo fuerzas para comunicarme abiertamente y decirte que es mucho lo que te quiero y te deseo. Aún en mis pequeños momentos lúcidos te recuerdo con ternura.

Estoy cayendo en las entrañas de un abismo; mi enfermedad, cada vez más aguda, me atrae hacia una oscuridad que no logro descifrar, pero que me arrebata la vida. ¡Ya estoy muerta y no puedo morir! ¿Será esta puerta falsa la única respuesta, la única solución a encontrarme a mí misma?

Mi matrimonio contigo fue un sueño, un hermoso sueño,

un intento por integrar una pareja llena de amor. Dime, ¿soy digna de ti? Una pobre loca que se volvió "ser." Te amé intensamente. Amé con entrega y ternura a mi hijo... Y los destruí y me destruí yo misma. Dios mío, ¿por qué? ¿Por qué?

Yo nunca te engañé ni arrastré tu nombre a nada indigno. Sólo luché y luché contra todo, como la palma que crece sola en el desierto. Luché por llenar plenamente mi "ser", que al sentir que era desdeñado y fríamente tomado como un objeto, sin la menor consideración, mi interior se rebeló y empecé mi lucha, una larga e infructuosa lucha que terminó en la más terrible tragedia... mi locura.

Luché por no ser un objeto arrastrado y obligado, por el

¡Ya estoy muerta y
no puedo morir!

temor de ser buena y parecer ante ti como mala; de ser activa y parecer pasiva. Siempre pensé en ti, en tus deseos, en tus solicitudes. ¡Yo me vendí a ti como un objeto de supermercado! Ese mundo de cosas, de sonidos enajenantes y de silencios profundos... no lo quiero. Prefiero el mío, el de un silencio eterno; mi silencio, mi tiempo... mi silencio eterno... Aquí estoy yo, en este vacío sin barreras, sin límites. Mi mundo es éste. Aquí pertenezco. Y aquí pertenecemos todos los que buscamos más allá de lo establecido. Allá afuera no logré que me comprendieran.

Ahora reconozco mi resistencia a cambiar interiormente, a entender las fantasías de mi madre, de mi cultura, de ti, de tu mundo. Ya no te culpo y te perdono. Tú formas parte de una generación de hombres llenos de ambiciones y de vacío, y con tu inocencia y ambición los idealizarte. No te permitieron comprender mi momento... nuestro momento. No tuviste tiempo para entender nuestros compromisos vitales de ser humanos, de amarnos, de complementarnos. ¡Oh!... El mundo ya está hecho, engranado, manejado y manipulado.

Yo sólo en momentos me asomo al mundo de la "felicidad". Es tan frágil, tan escurridiza, que no la pude retener. Este es mi mundo.

Amor mío, no desees verte en este mundo. Se siente uno como un alma en pena, como una planta vegetando. Hay ratos de horrores, de pesadillas, pero, por favor, no te preocupes, los demás son tiempos largos y silenciosos... muy silenciosos...

Te amo tanto... y sé que a tu manera tú también me amas y sufres por mí. Por eso te recuerdo. No te culpo, nos faltó madurez, la madurez necesaria para orientar nuestras vidas y cultivar nuestro amor. Perdóname y olvídame. Está seguro de que siempre estaré junto a ti.

Aquí, perdida, tan poca cosa pero tan cerca de Dios, al que pediré por tu gloria, por tu realización, porque tu respuesta sea más real que la mía, porque tú sí encuentres la felicidad. Lucha, ahora te toca a ti. Mi lucha ya terminó. Sigue la tuya...

Yo aquí no puedo luchar,

sólo me dejo llevar. Mi pensamiento siempre está dormido... Aun teniendo por qué luchar. Pero, amor, en cada momento de lucidez lucharé desde mi silencio, fingiré que mi pensamiento duerme y lo pondré a trabajar para encontrar la felicidad. Desde aquí lucharé por ti y por mi hijo... y por todas las mujeres del mundo.

Aquí, en donde dos seres luchan para darse respeto mutuamente, para complementarse, para hacer lo divino: el amor; ser felices, amar y ser amados. Pero no fue así...; ¡Y luché tanto! ¿Valdrá la pena sufrir y sufrir para llegar a esto? Después de esta larga agonía... ahora aquí, en la locura. ¡Loca, loca... loca! ¿Fue mi culpa tan grande querer encontrar la respuesta negada? ¿Hay culpable de intentar dar razón

a mi "ser"? Amor, no me recuerdes
así, con esta bata blanca. Quiero
que me recuerdes en mis mejores
momentos, que la imagen de lo
que fui se cobije en los instantes culminantes que compartimos juntos, amándonos. Fue
mi culpa tan grande, ¡que
te sigo amando! No razono. ¡No
vivo! ¡Sólo vegeto! Soy una
lástima... A Dios lo veo llorar;
le fallé. ¡No sé en qué ni por qué,
pero sé que fallé! No soy digna
de Él. Seguiré luchando para
ver la luz y volver a estar con
ustedes.

No temas, será diferente, estaré
ya madura, no estaré experimentando,
ya no puedo volver a perderlos. En
mi locura he llegado a estar tan
cerca de Dios que he encontrado en
Él la respuesta. Seremos felices,
muy felices... Siempre felices...
Te amo y soy tuya ——

"¡¡Ayúdenme a juntar mis pedazos!!. . .

. . .¿En dónde habrán quedado?
¿Por qué se perdieron?
Siento que me desintegro. Algo me falta.
¿Cuándo vendrá el final?. . .Tengo que luchar, no quiero morir. . .
Tengo mi placa, mi celda, sí. . ., tengo frío. . . mucho frío.
Soy sólo una historia simple, nadie se preocupa. . . a nadie le importo.
. . .¡Luché!. . . ¡Luchemos, mujeres, por nuestro Ser!
. . .Ustedes lo vieron, lo evaluaron, pero fue mayor el torrente del vértigo actual. . .

que mis fuerzas, que como un animal
hambriento se dejó venir sobre lo mío.

¡Ahora principia nuestra lucha!
. . .¿Cómo me ven? Luzco bella, natural,
fresca, lista para amar. . .
. . .¿Te gusta mi vestido?. . . ¿Sabes? Me lo
regaló Él".

Desde su celda, desde ese vegetar como una
planta, como un ser muerto, buscaba y se con-
jugaba su tristeza con su locura, su eterna agonía. . . su morir lento, su pobre "Ser".

. . ."Desde aquí. . . edificaré un mundo en
donde las mujeres entendamos la
importancia de ser y actuar como 'Seres
humanos', orientando nuestra búsqueda
hacia la realización.
. . .¡Mujeres, hagamos un mundo
mejor!". . .

Ella, la pobre loca, como un gatito en espera, temerosa, trata de unir su cuerpo con su
mente, y su espíritu. De repente, en su locura
siente un fuerte golpe, hondo, largo. . . intenso.

. . ."¿Qué te pasa, hijo? ¿Por qué piensas
en destruirte? ¡No lo hagas! Piensa. . . Por
Dios. . . Detente. . . No. . .
. . .¿Por qué lo estás haciendo?. . . Hijo, te
daré lo que me pidas, haré lo que tú

quieras, pero por favor, ¡tú no!. . . ¡Tú
no!. . . ¡No!. . . ¡No!. . . ¡Por favor!. . .
¡Cambiaré!. . . ¡Te lo juro!". . .

Como un golpe explosivo dentro de su
ser. . . evolucionó.

. . ."*¡No!. . . ¡No lo hagas! ¡Ayúdenme, por*
favor!
¡Ay!. . . ¡Ay!. . . ¡Oh!. . .
. . .¡¡Ayúdenme!! ¡Alguien tiene que
oírme!. . .
. . .¡Alguien tiene que oírme!. . . ¿Por qué
no me responden?
. . .¿Están muertos?". . .

Se fue hundiendo nuevamente en su locura, hacia un mundo vacío, blanco, sin racioci-
nio, sin responsabilidades, sin perspectivas. Un
mundo profundo, frío. . . oscuro. . . lento. . .

. . ."*¡Respondan! ¡Hagan algo!. . . ¡Tengan*
valor!. . . ¡Tengan valor!. . . ¡Enajenadas!
Luchen por su ser. . . por su amor".

En ese momento recoge del suelo un osito
de peluche que siempre tenía cerca de *Ella* desde que era niña, y con ternura lo acaricia. . .
lo besa. Trata de recordar a su hijo. . . A su
pobre hijo. . . Tenía para ella todo el tiempo. . .
Las lágrimas en su rostro reflejaban su profunda tristeza. Empezó a cantar lentamente. . .

163

¡Ayúdenme! ¡Alguien tiene que oírme, alguien tiene que oírme! ¿Por qué no responden?... ¿Están muertos?...

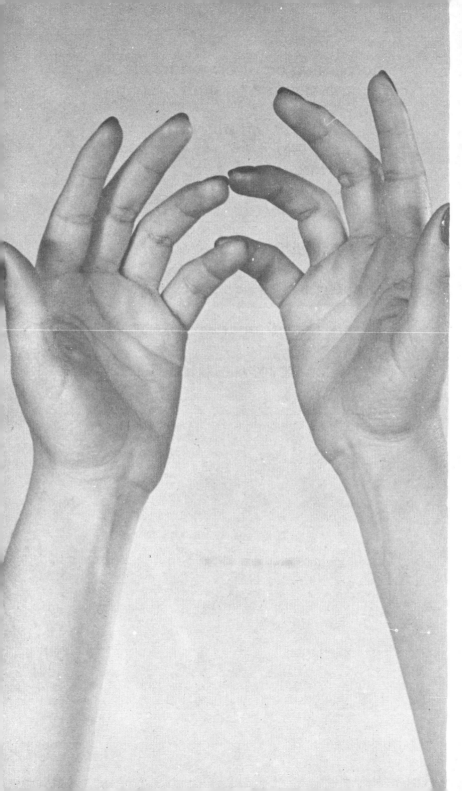

como perdida en otro mundo, en otro espacio, como siempre. . . como siempre. . .

. . ."*Despierta, mi amor. . .*

despiértate ya. . .

la vida te espera,

¡la felicidad!

Despierta. . . tu ser. . .

Despierta, mi amor,

la vida. . . te espera. . .

la felicidad. . ."

Se abrió un nuevo espacio y *Ella* entró. ¿Qué le había pasado ahora? Su serena mirada reflejaba amor, ternura, seguridad y alegría interior. Su presencia era tan fuerte, tan real. . . tan sublime, que irradiaba algo valioso, algo trascendente, como si lo falso, lo vanidoso, lo dependiente y confuso hubiera quedado atrás. Había sido un proceso lento con un gran esfuerzo para reconocer sus errores, actuar con humildad y amor. . . mantener su espíritu de lucha. El Creador le había dado la fortaleza para avanzar, para cumplir sus compromisos vitales, como mujer, esposa y madre. Fortaleza que rompía la inercia de una historia y un medio que no le habían permitido dar lo mejor de ella misma.

. . .Marcaba el amanecer de una nueva era en la eterna femineidad.

Era *Ella* que, como el Ave Fénix, surgía para ser una nueva mujer, más completa, más libre; más comprometida consigo misma y con sus semejantes. Se sentía un *"Ser"* con mayor riqueza interior; consciente de su participación en el mundo. Era algo difícil de descifrar. Se confirmaba la capacidad de la mujer para ser madre, esposa, profesional; una mujer plena y realizada.

¡Marcaba el amanecer de una nueva era en la eterna femineidad!. . . Su lucha y su agonía no habían sido estériles. . . ¡hacían brillar la esperanza para la humanidad!

Y fue entonces que se dirigió con amor a. . .

LECTURA PARA

toda la familia

ALFONSO LARA CASTILLA

Es el escritor de mayor éxito en México y Latinoamérica con más de 2,000,000 de ejemplares vendidos y uno de los más leídos por la juventud.

Utilizados por padres, maestros y directivos para invitar a hijos, alumnos y empleados a comprometerse individual y socialmente.

Alfonso Lara Castilla es el escritor más leído por la juventud y toda la familia.

Lectura amena, motivante, sencilla, de fácil comprensión y rápida concentración.

A precios accesibles para todo público.

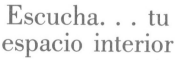

Vuela. . .
a tu libertad

Un hombre descubre que su libertad es una cualidad para crecer y
ampliar sus posibilidades y oportunidades de vivir y lograr niveles de
realización y trascendencia.

Escucha. . . tu
espacio interior

Es una invitación para recorrer el Yo
interno, donde se encuentra un uni-
verso fantástico de matices mágicos
en el cual radica la energía que transforma y nos orienta a otros niveles
de conciencia.

¡Mujer!. . .
Lucha por tu ser

s sorprendente que Alfonso Lara
astilla, con su capacidad increíble,
enetre desde el interior del pensa-
iento y angustia de la mujer actual
1 la problemática de la pareja y de
familia.

¡Vuelve maestro...
vuelve!

Al maestro. . . al profesional es a
quien exhorta Alfonso Lara Castilla
a reflexionar sobre el compromiso,
la mística, la misión, vocación y la entrega, y a vivir algunas experiencias
que lo orienten a actuar como auténtico profesional.

The Quest
Edición didáctica bilingüe

Lectura amena, motivante, sencilla, de fácil comprensión y rápida concentración.

Momento de compromiso

Momento de compromiso es una obra de gran originalidad y de fácil lectura cuyo rico contenido está dirigido a cada uno de nosotros como seres únicos de nuestra sociedad, pero especialmente a los jóvenes, quienes son la fuerza principal para producir el cambio necesario para crear una nueva realidad en nuestro país.

La búsqueda

La búsqueda ha conquistado el gus-
to de los lectores por el caudal de
mensajes positivos que contiene.
Es una obra pionera de la literatura
motivacional y uno de los éxitos edi-
toriales más rotundos de todos los
tiempos.

¡Vive!

Es la experiencia de un hombre que ha
caído en un estado de mediocridad y a
través de vivir su panteón interior y
enfrentarse con la muerte, decide
rescatarse como ser humano.

El camino mágico

Un niño y una niña nacen con una misión: convertirse en Guerreros del Arco Iris, y para ello tienen que atravesar un bosque donde se encuentra el CAMINO MÁGICO. Es ahí donde se halla la Esfera de Luz, y los niños que la habitan tienen el poder de iluminar el corazón del mundo, ganando así la medalla al valor.

En su faceta como consultor de empresas y maestro en administración, Alfonso Lara Castilla nos propone este útil y ameno libro técnico motivacional para profesionistas, directivos y para apoyo en escuelas y universidades en diferentes asignaturas.

El Umbral del Milenio

CONTENIDO:

ESTA EDICIÓN DE 8 000 EJEMPLARES SE TERMINÓ
DE IMPRIMIR EL 17 DE JULIO DE 1995 EN LOS
TALLERES IMPRESORA PUBLIMEX, S.A. DE C.V.
CALZADA SAN LORENZO 279, LOCAL 32
09900, MÉXICO, D.F.